前 551 年，孔子诞生

前 374—前 357 年，
齐国国君田午在位期间创建稷下学宫

前 262 年，秦赵长平之战

前 221 年，秦始皇统一六国

前 475 —前 221 年，
战国时期

前 356 年，商鞅变法

前 256 年，李冰兴建都江堰

编 者：一米阳光童书馆成立于 2012 年 8 月，由几位志同道合的知名童书推广人和海归妈妈共同组建而成。童书馆以"每一本好书，都是照进孩子心中的一米阳光"为核心理念，用父母心，做平凡事，致力于用现代手法叙述传统故事，全力帮助每一位孩子爱上阅读，开启更加丰富的人生。

绘 者：臾知文化手绘组，享誉国内的顶级手绘工作室，成立于 2015 年，团队成员来自游戏设计、壁画、影视、艺术品设计、舞台、雕塑、油画等行业，坚持精细化创作，致力于通过手绘方式为读者带来"革命性阅读体验"。

创作团队： 项目策划　刘祥亚
项目统筹　牛瑞华　张　娜　崔珈瑜
美术顾问　樊羽菲　支少卿　谢步平　王少波　程建新　徐　杨　申　杰　周　爽　邓称文
文字撰写　李智豪　沈仲亮　余瀛波　郭梦可　牛齐培　陈阳光　吴　梦

阅读建议

亲爱的读者朋友们，欢迎您打开这套书，走入中国历史文化的长廊，共同感受 5000 年中华文明的璀璨成果。为了便于大家阅读，特做出几点说明：

（1） 此次历史文化之旅的起点是距今约 70 万到 20 万年之间的北京猿人，终点是 1912 年清帝退位。在几十万年的历史长河中，我们选择了 104 个专题，每个专题由两部分组成，第一部分是以手绘大图的形式进行历史场景的还原，第二部分是相关主题的知识问答（每个专题分设了 8~10 个小问题）。

（2） 每个历史场景都像一个展览橱窗，展示了中国历史上的高光时刻，在欣赏画面的同时，还可以关注画面四周的文字，我们设置了许多与历史事件相关的知识点、兴趣点和思考点，家长陪伴孩子阅读和对画面进行讲解的时候，可以参考这些内容。

（3） 专题知识采用一问一答的形式，在设置问题的时候，我们充分考虑了孩子的认知水平和兴趣点，并针对全国十余所中小学的学生做了上万份调查问卷，力求站在孩子的角度问出他们最感兴趣的问题，并用孩子听得懂的方式进行解答。

（4） 每个专题既相对独立，又有时代上的联系性，可以作为随手翻开的历史百科书。我们在每册的开篇还设置了"历史长河站点示意图"，读者朋友们可以通过这个示意图查看每个主题的位置和关联。

图书在版编目（CIP）数据

先秦时代 / 一米阳光童书馆编；臾知文化手绘组绘
. -- 北京：北京联合出版公司，2020.12（2024.4 重印）
（手绘中国历史大画卷）
ISBN 978-7-5596-3801-4

Ⅰ. ①先… Ⅱ. ①一… ②臾… Ⅲ. ①中国历史—先秦时代—儿童读物 Ⅳ. ①K209

中国版本图书馆 CIP 数据核字 (2020) 第 187857 号

手绘中国历史大画卷1：先秦时代

编　者：一米阳光童书馆
绘　者：臾知文化手绘组
出品人：赵红仕
选题策划：阳光博客
责任编辑：周　杨
封面设计：阳光博客+李昆仑

北京联合出版公司出版
（北京市西城区德外大街83号楼9层　100088）
北京联合天畅文化传播公司发行
天津创先河普业印刷有限公司　新华书店经销
字数166千字　787毫米×1194毫米　1/8　8印张
2020年12月第1版　2024年4月第4次印刷
ISBN 978-7-5596-3801-4
定价：798.00元（全8册）

一米阳光童书馆◎编　　　臾知文化手绘组◎绘

手绘中国历史大画卷 ①

——— 先秦时代 ———

北京联合出版公司
Beijing United Publishing Co.,Ltd.

目录

北京猿人

大约 70 万年前，在今天的北京周口店龙骨山附近出现了远古人类的踪迹，我们称他们为"北京猿人"。

这群北京猿人中有一个刚出生的婴儿，你能发现他吗？

围猎野兽

刮削器

砍砸器

使用天然火烤肉

用打造石器
处理猎物

有个孩子发现了一条蛇，你能找到他吗？

北京猿人离我们有多远?

根据考古学家推测,北京猿人生活在距今约70万到20万年之间,听起来很遥远,对吧?其实,生活在中华大地上的"远古人类"还可以追溯到更早些的时候,比如,生活在距今约170万年前的"元谋人"(发现于云南省元谋县)和生活在距今约115万年到65万年之间的"蓝田人"(发现于陕西省蓝田县)。虽然北京猿人在绝对年代上较晚,但组织体系却是目前已发现的"远古人类"中最完善的,因此称得上是"远古人类"的代表呢。

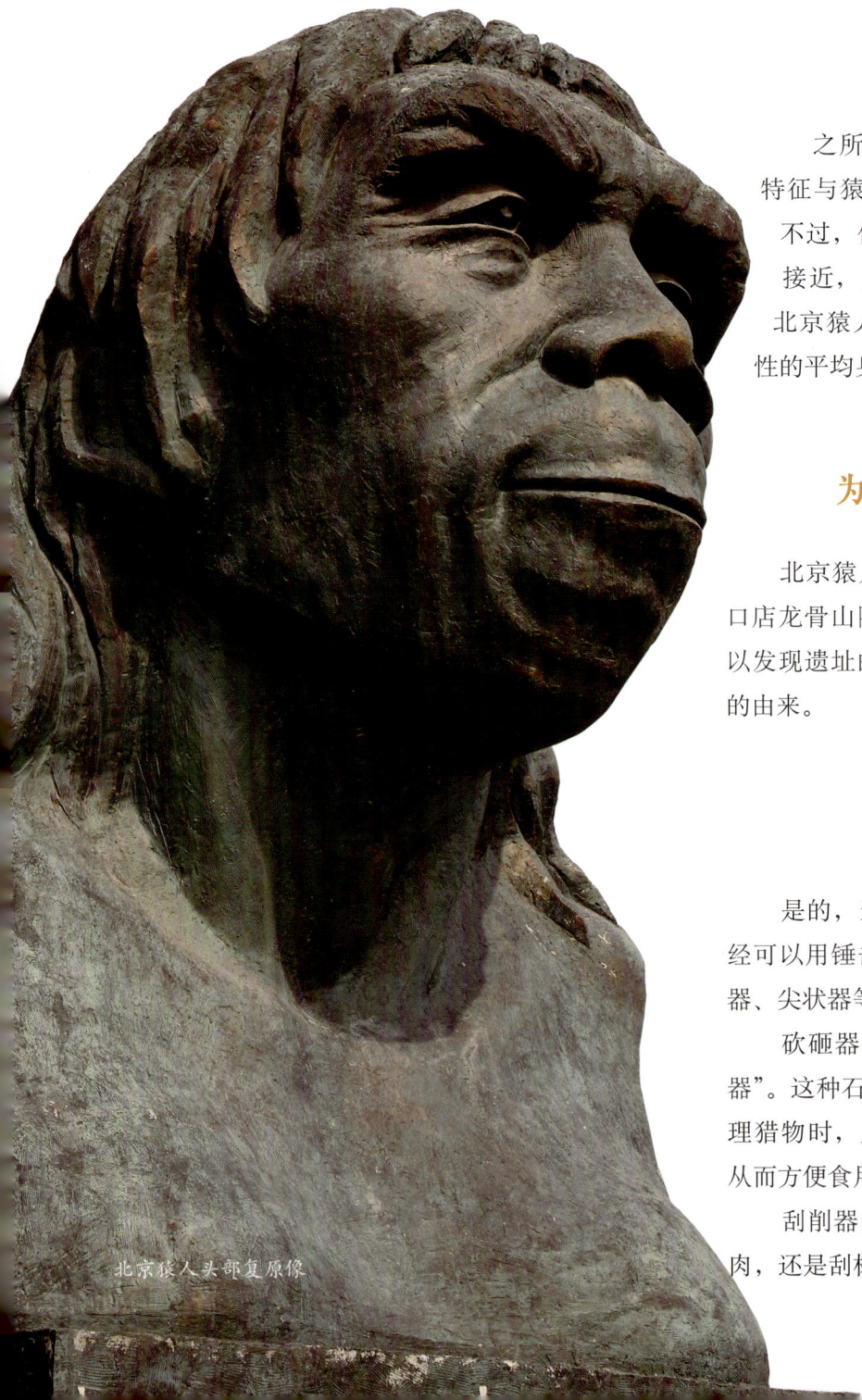

尖状器

砍砸器

刮削器

北京猿人头部复原像

北京猿人长什么样?

之所以称之为"猿人",是因为他们的许多特征与猿类接近,比如头顶部低平,前额后倾。不过,他们已经可以直立行走,身材和现代人接近,只是相对更矮一些。据考古学家推测,北京猿人的男性平均身高在1.6米左右,而女性的平均身高则在1.5米左右。

为什么叫"北京猿人"?

北京猿人的遗址发现于今天的北京市房山区周口店龙骨山附近,为了方便大众认知,考古学家就以发现遗址的城市命名,这就是"北京猿人"名字的由来。

他们会制造工具吗?

是的,当时处于"旧石器时代"的北京猿人已经可以用锤击法和砸击法等方法打造砍砸器、刮削器、尖状器等简单的石器工具了。

砍砸器,还有一个名字,叫作"砍斫(zhuó)器"。这种石器的用途是砍伐木柴或狩猎,以及在处理猎物时,用来砸击较大野兽的肢骨以使其断裂,从而方便食用骨髓或骨骼连接处的筋肉。

刮削器的用途更为广泛,无论是割兽皮、切兽肉,还是刮树皮的时候,都能派上用场。

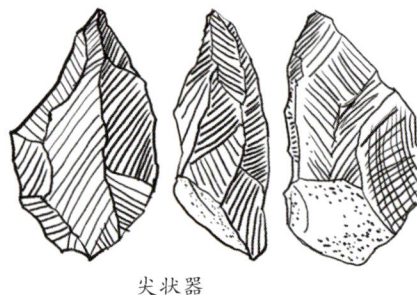

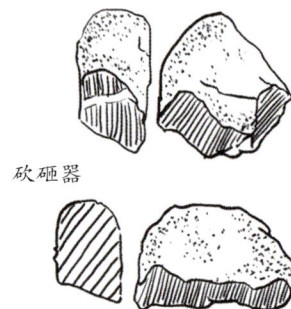

什么是"旧石器时代"?

这是考古学家提出的一个时间概念,是以使用打制石器为标志的人类发展阶段。自然,与之相对的还有一个"新石器时代",两者最主要的区分就在于:进入新石器时代的标志是使用磨制石器。

他们会说话吗?

当时没有文字或者类似文字的符号,所以没有考古证据证明北京猿人的语言使用情况。但根据考古学家的考察和推测,远古人类已经掌握了简单的语言,并会借助手势辅助表达。

他们住在房子里吗?

当然不是了!北京猿人还没有学会定居,所以也不需要现代意义上的房子。当然了,他们也不是露天而眠,毕竟黑夜中的野兽可是非常危险的。

他们会用树枝搭建"树屋",或者选择钻进就近的山洞里,守在火堆旁,山洞可以遮风挡雨,火还能驱赶野兽,保护大家的安全。

他们已经会用火了？

是的，北京猿人是东亚地区最早使用火的人类群体。他们用火取暖，还可以将捕猎到的兽肉烤熟，从而摆脱"茹毛饮血"的生活。

但是，北京猿人并不会制造火。那他们的火是从哪里来的呢？现在的人们猜测，他们可能是无意中发现了闪电击中干木或枯草而起的"天火"，并渐渐发现"火"的好处，从而开始轮流派人看守火种。

火不仅为远古人类带来了温暖，烤熟的食物还大大减轻了肠道消化系统的负担，增强了他们的体质，并使他们得到了更好的进化，逐渐走到了食物链的顶端，成为丛林社会的成功者。

人类进化图

他们吃什么？

虽然不如我们现在吃的食物种类丰富，但是北京猿人吃的食物绝对都是"纯天然"的。

北京猿人经历过相当长的"大暖期"，当时的气候温暖湿润，水草丰美，大片的森林为他们提供了丰富的植物果实，因此，采摘野果是他们获取食物的主要途径。

采集主要是女人们的工作，男人们则要打猎，虽然成功率不高，但偶尔也会猎取到野猪之类的大型动物。

除此之外，像小鸟、鱼这样的小动物也是他们的食物来源。

他们穿衣服吗？

在北京猿人生活的旧石器时代，他们使用的工具还比较粗糙，像骨针这样的精细工具还没有出现，所以是没有现代意义上的衣服的。

不过，我们可以想象到，他们会用树叶和兽皮来御寒和遮羞。

他们的寿命有多长？

北京猿人的寿命并不长，在那个时代，婴儿夭折的概率非常高，不仅如此，就算能平安度过婴儿时期，大多数的北京猿人也只能活到十几岁。

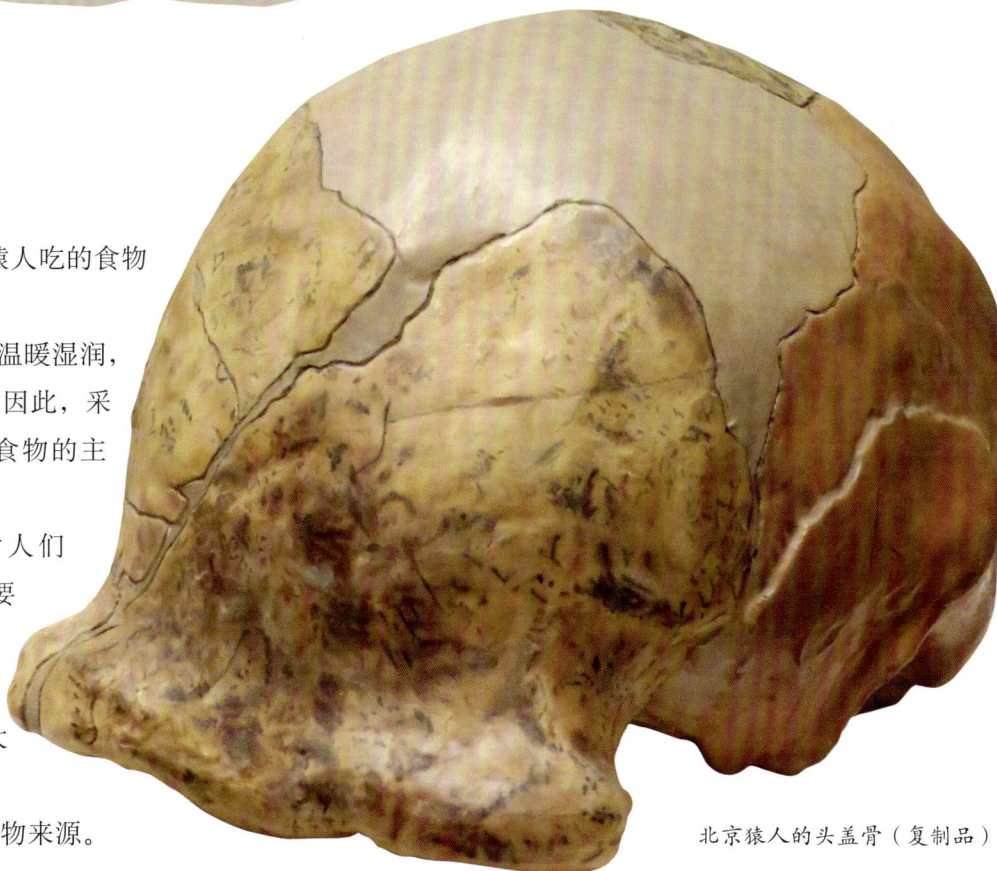

北京猿人的头盖骨（复制品）

北京猿人是我们的祖先吗？

这个问题的答案还不明确。有学者认为，北京猿人可能是我们的祖先。根据考古学家和古人类学家的研究，从生物学的角度来说，现代人是以北京猿人为代表的直立人不断演化而来的；从考古学的角度来说，包括北京猿人文化遗存在内的中国旧石器时代文化是连续、稳定发展的。

但是，目前还不能确定北京猿人就是我们的祖先，这个问题还存在很多未解之谜，仍有待于我们进一步研究。

除了北京猿人，周口店遗址还有哪些远古人类存在过？

想了解远古人类的更多知识，可以去参观周口店遗址博物馆，它位于北京市房山区周口店。通过博物馆的介绍，我们知道，原来这儿不仅仅是北京猿人的遗址，还有许多其他远古先民曾经在这儿生活过——"这里自然资源丰富，气候温暖宜人，是距今约 70 万至 20 万年之间的'北京人'（就是我们讲的北京猿人）、距今 20 万至 10 万年间的早期智人、距今约 4.2 万至 3.85 万年间的田园洞人、距今 3 万年左右的山顶洞人生活的地方。"

周口店遗址博物馆

半坡文化

　　几十万年过去了，打制石器逐渐被磨制石器取代，人们也学会了农业种植，人类历史进入"新石器时代"，距今六七千年的半坡文化就是典型代表。

一座半地穴式房屋正在建造中，数一数有几个人正参与其中？

建造半地穴式房屋

伐木

水运木材

晾晒鱼干

烧制陶器

巫师施展巫术治病

物物交换

种植粮食

圈养家畜

制造弓箭

女性在编织麻布

有一个人在田里劳作时被误伤了，你能找到他吗？

有个人在打猎时差点儿掉下悬崖，你能找到他吗？

← ← 什么是"新石器时代"？→ →

新石器时代是指以打磨结合的方法制作石器的时代，区别于单纯以打制方法制作石器的旧石器时代。中国进入新石器时代的时间距今约 1 万年，当时人们已经大量使用陶器，开始从事原始农业种植、饲养家畜，并且出现了定居的聚落，比较有代表性的是黄河流域的半坡文化和长江流域的河姆渡文化。

半坡文化出土文物：鱼纹彩陶盆。半坡遗址于 1953 年被发现，属于典型的新石器时代仰韶文化聚落遗址，位于陕西省西安市浐（chǎn）河东岸

听说半坡人只知道自己的母亲是谁，不知道自己的父亲是谁，这是真的吗？

是真的。考古学家发现，在半坡遗址的墓地中，女性墓中的随葬品更多一些，反映了女性的社会地位更高。此外，男女分开埋葬，而非男女合葬，说明当时还没有形成以夫妻婚姻为核心的家庭制度，从侧面证明了当时处于母系氏族社会阶段。

在母系氏族社会，女性享有比男性更高的社会地位，因此，出现"只知其母，不知其父"的情况是很正常的。

为什么母系氏族社会的女性比男性地位高？

在生产力水平低下的远古时代，人们最重要的任务就是获取食物，从而维持自己的生命，繁衍后代。在母系氏族社会阶段，男女获取食物的途径不同。男性负责外出打猎和捕鱼，经常很多都不会回家，有时可能一无所获，有时甚至可能反而被野兽吃掉。总之，男性获得食物的产量不固定，而且风险极高。相比之下，女性负责采集水果和蔬菜，经营原始农业，收集食物的产量更稳定，而且女性长期在家中养育子女，料理家务，在氏族中发挥了重要作用。因此，在母系氏族社会，女性享有比男性更高的社会地位。

后来，随着社会生产力的发展，男性在农业、畜牧业和手工业的生产领域逐渐占据了主导地位，女性的社会地位下降，男性的社会地位上升，母系氏族社会也随之瓦解，人类社会因此过渡到父系氏族社会阶段。

半坡人还住在山洞里吗？

不，那时的人们已经可以自己盖房子了，只不过这些房子非常简陋，而且很多是一半在地上、一半在地下的，这种房屋被称为"半地穴式房屋"。

半坡遗址考古现场，从地基上可以推测半坡人当时的房子属于半地穴式

半地穴式房屋是怎么建造出来的？

人们用排列密集的小柱编成篱笆，在上面涂上草和泥土，做成墙壁，最后用火烤干，使墙壁变得坚固，再用木柱支撑屋顶，然后在屋顶上铺上柴草。室内有地坑，用于取暖或烧饭。半地穴式房屋相当于卧室、厨房挤在同一个房间里，条件很艰苦。

不过，这种房屋也有优点，比如冬暖夏凉，比较宜居。在生产力水平极其低下的远古时期，相比于到处寻找山洞居住来说，自己盖房子居住已经算是很大的进步了。

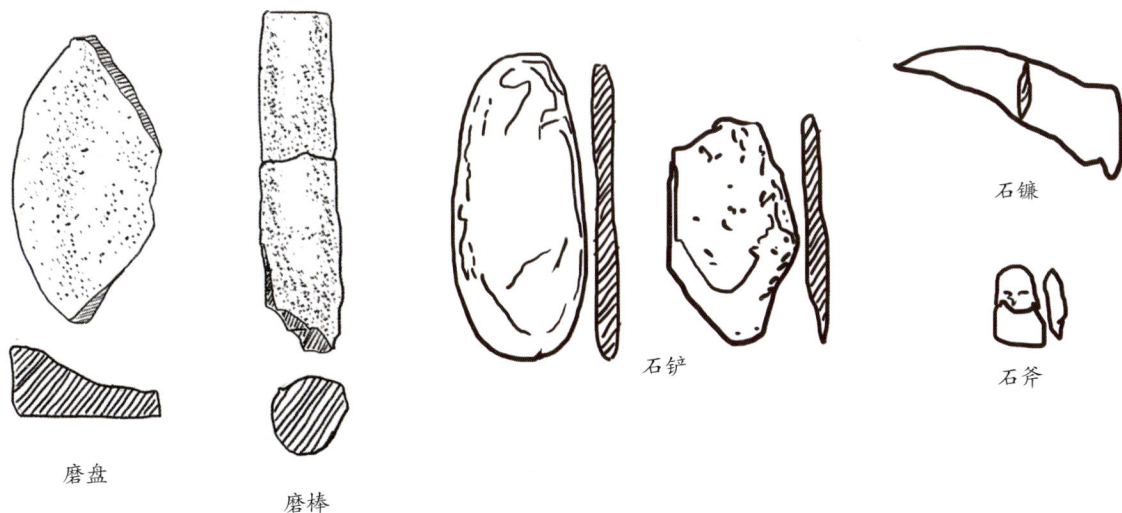

磨盘　磨棒　石铲　石镰　石斧

跟北京猿人相比，半坡人的食物有什么变化？

半坡人生活在约公元前 4800 年至公元前 4200 年，距今六七千年，距离北京猿人的时代，已经过去了几十万年的时间，这时人们的生产力水平已经有了很大的提升，饮食也有了很大的变化。

人们能吃到什么食物，取决于他们能生产什么食物；人们能生产什么食物，取决于当时的社会生产力水平；当时的社会生产力水平，取决于人们所使用的劳动工具和掌握的劳动技术。由此我们可以根据半坡遗址中出土的文物来推断当时人们的食谱。

根据考古学家在半坡遗址的发现，当时人们使用的生产工具主要有用于开垦荒地的石斧和石铲，用于收割作物的石镰、石刀和陶刀，用于加工谷物的石磨盘和石磨棒，用于渔猎的石镞（zú）、骨镞、骨鱼钩、石网坠等。

此外，考古学家还发现了农作物种子的遗存，如粟米、芥菜以及白菜的种子，还有猪、狗、鸡、牛等牲畜的遗骸。这些发现表明，当时人们已经在经营农业了。他们开垦荒地，种植谷物，收获并且加工粮食；他们驯化动物，饲养牲畜，一方面用于农业生产，另一方面用于制成肉类食物；同时，他们还打鱼、打猎，以补充肉类食物。

由此，我们可以大致推测出半坡人的食谱：他们以小米为主食，同时也吃蔬菜，偶尔会吃鸡肉、鱼肉、猪肉和野味。

* 知识拓展：你对"仰韶文化"了解多少？

仰韶文化是距今约 7000 年到 5000 年间的新石器时代文化，主要分布在黄河中上游，包括陕西的关中地区、陕西南部和河南的大部分地区。由于最初发现于河南渑池仰韶村，因而被称为仰韶文化。根据地区与时间的不同，仰韶文化被分为多种类型，半坡类型就是其中之一，此外还有庙底沟类型、西王村类型等。

仰韶文化的遗物中，最有特点的是彩陶器。当时的人们会在陶器上绘制黑色或者红色的纹饰和图案，比如鱼、鸟、蛙和人面形，以及线条、方格、圆点等几何图形。有的陶器上出现了类似文字的刻画符号，被认为可能是中国文字的雏形。

仰韶文化是近代瑞典地质学家安特生发现的。他把仰韶文化的彩陶与西亚地区的彩陶相比较，认为中国新石器时代的彩陶文化来自西亚，主张中国人和中华文化源自西亚。后来，经过进一步研究，考古学家运用碳-14 测定仰韶文化彩陶的绝对年代，发现仰韶文化的年代比西亚彩陶要早，这就有力地驳斥了安特生提出的"西来说"。

碳-14 年代测定法是一种科学方法，它利用放射性碳素不断衰变的原理来进行年代测定。碳-14 是一种碳的同位素，与氧气结合生成二氧化碳，混入大气之中。植物通过光合作用吸收二氧化碳，动物又直接或间接以植物为食，动物死亡后，碳-14 随之进入土壤。因此，生物和土壤中都含有碳-14。生物死亡后，停止与外界的物质交换，自身含有的碳-14 就会按照衰变规律而降低。

所谓"衰变"，就是某种放射性元素放射出粒子转化为另一种元素的过程。衰变需要时间，衰变到只剩下原来质量一半所需的时间称为该元素的"半衰期"，碳-14 的半衰期是5730 年。这样，我们在理论上可以测定任何含碳的有机质遗物的年代。碳-14 年代测定法的发明，极大地促进了世界各地绝对年表的建立，进而有力地推动了考古学研究的发展。可见，人类的认识总是随着科学技术的进步而不断更新的。

1973 年出土于甘肃秦安部店大地湾的人头形器口彩陶瓶，属于仰韶文化庙底沟类型彩陶，是一件实用性与艺术性兼具的远古艺术品

那时候的部落都有各自的图腾，仔细观察，你觉得炎帝和黄帝的图腾分别是什么？提示：仔细观察他们的头饰和各自的巫师，应该会得到一点儿启发。

阪泉之战

传说，在上古时期，黄河流域有两个著名的部落集团，分别以黄帝和炎帝为首领。他们四方征讨，不断扩大势力，最终在阪泉之野相遇，并展开了一场大战……

一个英勇的战士腿中箭了，你能立刻找到他的具体位置吗？

巫师为部落祈福

弓箭作战

骨制武器

黄帝

炎帝

有两个人因为放置桑叶的问题而发生了争执，他们竟然把盛放桑叶和蚕的竹匾都打翻了，快找到他们，使他们停止争吵！

仔细观察交战双方的服饰特点，你觉得哪一方相对来说更先进？

有一对轮番站岗的兄弟十分关注战况，你能将这对兄弟找出来吗？

图腾崇拜

部落生活

缫丝

养蚕

援兵

有一只助战犬受伤了，你能找到它吗？

统计一下，交战双方持有的盾牌数和弓箭数各自是多少？

有一个战士想要临阵逃脱，却被他的战友叫住了，你能锁定他们吗？

中国人为什么自称"炎黄子孙"？

阪泉之战中，黄帝活捉了炎帝，赢得了胜利。两个部落从争斗走向联合，结成炎黄部落联盟，被中华民族尊奉为华夏始祖，因此，才会有中国人是"炎黄子孙"的说法。

今天，无论是在哪里生活的华人，只要认同自己是中华民族的一员，都会自称为"炎黄子孙"。

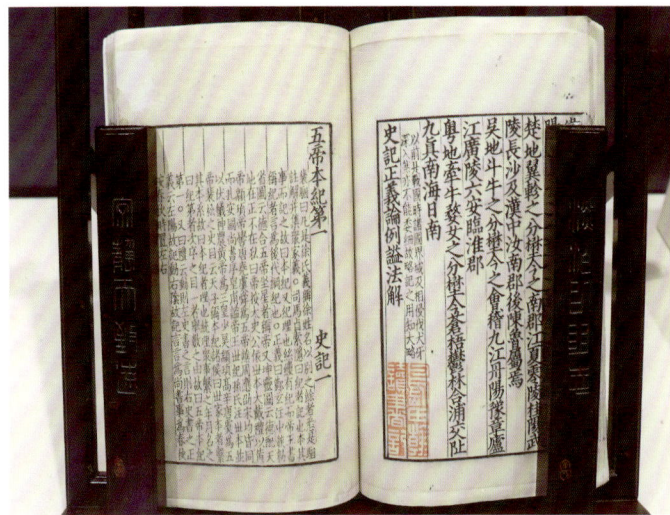

传说中的阪泉到底在哪儿？

据《史记·五帝本纪》记载，黄帝与炎帝曾"战于阪泉之野"。关于"阪泉到底在什么地方"这个问题，历史学家们有很多说法，但是还没有定论。

虽然人们对阪泉的具体位置莫衷一是，但是多数人认为阪泉在河北平原上，这说明当时黄帝及其氏族的活动范围已经扩展到中原地区。

《史记》，中国第一部纪传体通史，作者是西汉的司马谈、司马迁父子，距离传说中的三皇五帝时期也有两三千年的时间，《史记》中关于三皇五帝时期的记载多来源于民间故事，所以三皇五帝还不能纳入"信史"的范畴

黄帝和炎帝有姓吗？

有。相传，黄帝姓公孙，因为成长于姬水，所以后来改姓姬。炎帝姓姜。姬、姜都是非常古老的姓，历史非常悠久。

很多古老的姓都是女字旁的，除上面所说的姬、姜之外，还有嬴、姒(sì)、姚等，这反映了远古时期母系氏族社会的影响。

史籍记载黄帝有很多旷世发明，全都是真的吗？

传说，黄帝发明了衣裳、车轮、弓箭、医药，等等。除了黄帝，传说中还记载了很多其他领袖人物的发明创造，比如：燧人氏钻木取火，发明了取火技术；有巢氏发明了房屋；伏羲发明了八卦和结网捕鱼的技术；神农尝百草，发明了农业和医药；等等。

新石器时代晚期的龙山文化出土的骨镞

养蚕缲丝

弓箭到底是谁发明的，因为年代久远，已经无从考证。根据出土文物，中国人在旧石器时代晚期就已经开始使用弓箭！

这些传说往往把某一项或多项发明归功于神通广大的某个人，很难确定是否是事实，不可全信。不过，考古学证据显示，在传说时代，先民们确实有很多伟大的发明创造，极大地推动了社会的发展与变革，中华文明的曙光已经出现在地平线上。中华民族为人类文明贡献了很多个"世界之最"：最早种植水稻，最早种植粟，最早养蚕并发明丝织技术等。

传说中的"三皇五帝"指的是哪些人？

三皇五帝是传说中上古时期的帝王或领袖。古人在叙述中国历史的时候，往往以三皇五帝的时代作为开端。不过，关于三皇五帝指的具体是哪些人，史籍中的记载各有不同。"三皇"有多种说法，如"天皇、地皇、人皇""天皇、地皇、泰皇""伏羲、女娲、神农"等。"五帝"也有多种说法，其中，《史记》认为五帝指的是黄帝、颛顼（zhuān xū）、帝喾（kù）、帝尧、帝舜。

在三皇五帝时期，文字还没有被发明出来，人们只能通过口耳相传的方式来保存、流传历史，直到人们发明文字之后，这些内容才被记录下来，成为文献中的古史传说。因此，三皇五帝时期也被称为"传说时期"。这些传说中有很多荒诞不经的内容，我们不能完全信以为真，但是这些传说也绝不是先民凭空捏造出来的，它们保存了很多历史事实的影子，有很重要的价值。因此，把传说和考古学资料结合起来，才能让我们更好地认识这一时期的历史。

当时的中国有多少个部落？

应该是非常多的，《史记·孝武本纪》提到，传说黄帝时有"万诸侯"；《尚书·尧典》中说，尧在位时能"协和万邦"；《汉书·地理志》中也说，尧舜时期，"协和万国"。

考古学也证明，距今5000到4000年间，大约相当于五帝后期的龙山文化时代，中国大地上邦国林立，这就是史书上所说的"万邦"时代。这里的"万"并不是确切的数字，而是指邦国数量非常多。

龙山文化黑陶瓷
龙山文化首次发现于山东省济南市章丘区龙山镇，泛指中国黄河中下游地区约新石器时代晚期的一类文化遗存

什么是"邦"？什么是"国"？

《尚书》成书于战国时期，所以"邦""国"的概念也来源于这一时期。此时的"国"不同于现代意义上的"国家"，而是指当时的城市聚落，也就是城市国家。随着生产的发展，城市周围的土地也不断被开发，这种发展了的国家就被称为"邦"，也就是城市和周围农村的总和。

陶寺遗址复原模型
陶寺遗址属于龙山文化，传说中是尧的居住地，考古学家不仅在这里发现了大规模的夯土建筑基址，还有大量的能证明贫富分化、等级、阶层存在的墓葬材料

万邦时代的中国是什么样子的？

万邦时代是从部落到国家的过渡时期，根据考古学发现，其中有些邦国的都城规模较大，遗址中有宫殿建筑、天文建筑和各种礼器，并且出现了阶级分化，可能已经具备了国家的初始形态。

各个邦国割据一方，群雄并起，经过激烈的冲突，逐渐酝酿出一种新的秩序。中原地区由于地理位置居天下之中，吸收了来自周边地区的文化与思想，在文明程度上走在周边地区的前列，逐渐形成了强大的向心力和凝聚力，成为多元一体格局中的核心。

公元前2000年，二里头文化出现，这被认为是夏朝的中心都城。从此，中国历史进入了夏商周时期，中原地区作为中华文明核心区域的地位就此奠定。

部落之间战争频发有什么影响？

传说时期，为了争夺土地、人口和资源，部落之间频繁爆发战争，被征服者往往沦为征服者的奴隶。随着历史的发展，社会逐渐出现了阶级分化，社会贫富分化与不平等出现，氏族部落首领转变为有权有势的贵族和奴隶主，贫穷的氏族成员和被征服的战俘沦为奴隶，国家也随着阶级的产生而出现，人类社会进入文明时代。

大禹治水

相传，帝尧时发生洪水，尧派鲧（gǔn）治水。鲧治水失败，在羽山被舜杀死。鲧的儿子禹子承父业，历经十几年，最终平息水患。

请帮忙找到一个大力士，据说他徒手就能轻松抱起一块大石头，事实真的如此吗？

耒耜

用绳子做测量工具

疏通河道

在大禹的指挥下，人们热火朝天地工作着，有的人选择单打独斗，有的人选择团队合作，请把选择与同伴合作用扁担抬石头的人都找出来。

有不少房屋被洪水冲垮，人们的损失十分惨重，但是有一个幸运儿在最后关头把一头黄牛拉了出来，他在哪里？

有一个人没站稳，要掉到洪水里了！

被洪水冲垮的房屋

你能找到这样一对母女吗？她们正在拼命逃跑，因为身后就是肆虐的洪水！

你能在画面中找到大禹吗？他的手中拿着一种叫耒耜（lěi sì）的工具，长得就像一把大叉子。

有个人躺在地上，似乎是昏迷了，他周围的三个人正试图叫醒他，你可以一眼就找到他们吗？

15

←← 大禹是谁？ →→

大禹是一个谜一样的人物，因为他所处的时代实在是太久远了。我们在考察禹的事迹时，很多材料来自司马迁撰写的《史记》，但是司马迁是西汉武帝时代的人，距离禹所处的时代差不多有 2000 年。在当时的历史条件下，2000 年前的事情，司马迁又怎能说得非常准确呢？

根据史籍记载，相传，大禹姓姒。

传说中的大禹不仅是治水英雄，还与中国历史上第一个王朝夏有密切的关系。大禹死后，他的儿子启改变了部落联盟首领的选举办法（禅让制），开始了父子相继的政权模式（王位世袭制），启建立的王朝就是夏朝。

宋·马麟《夏禹王像》，现收藏于台北"故宫博物院"

大禹的身世也充满神话色彩，传说鲧死 3 年，尸体不腐，有人用刀剖开鲧腹，禹乃降生

---

* 延伸思考：禹真的存在吗？

关于禹是否存在，历史学家们已经争论了很久。近代，著名历史学家、"古史辨派"的代表人物顾颉刚曾提出"层累说"，他认为中国古史基本上是传说材料，并不是我们所理解的真实可信的历史。顾颉刚曾提出一种假说：禹可能是一种"虫"（古文中，虫是动物的意思），被铸在鼎上作为装饰，后来流传为帝王的名号。后来，人们还围绕着"大禹是条虫"这一问题展开了很多争论。"古史辨派"疑古辨伪的精神对中国近代历史学的发展具有重要影响。

禹究竟是一个人、一个称号、一种图腾，还是一个神话或传说？这些问题引起了人们长时间的争论。今天，历史学家普遍认为，禹可能是中原夏后氏部落的一位杰出首领，因为曾治理洪水，所以在死后被神化为夏人的老祖宗。后来，随着各部落集团的融合，禹逐渐成为各族人民共同崇敬的英雄。

虽然禹的身份还有很多谜团，但是有一点确信无疑，那就是上古时期我们的先民确实与洪水搏斗过。很多民族的神话传说中都有关于大洪水的记载，这是因为在生产力水平还很低的时代，人们往往生活在土地肥沃、水源充足的大河附近，而大河泛滥就会造成洪水灾害。大禹治水的传说，恰恰反映了我们的先民在面对自然灾害时不屈不挠、顽强奋斗的精神，而正是这种精神形成了中华民族自强不息的品格。

什么是禅让制？

传说，上古时期的部落集团首领是通过民主选举产生的。人们通过讨论，推举德才兼备的人担任首领，这种制度被称为"禅让制"。尧、舜、禹就是通过禅让制依次成为首领的。

什么是王位世袭制？

禹死后，他的儿子启继承了首领的位置，并且称王号，建立夏朝。但是，禹在生前选定的接班人是益。启取代益即位的过程，在史书中有不同的记载。根据《史记·夏本纪》记载：启很贤明，威望更高，而益虽然是禹指定的继任者，但是辅佐禹的时间不长，不能服众，因此益主动让贤，把领袖的位置让给启。然而，在《战国策》的记载中，却变成了益继承王位后，启和自己的同党攻杀益并且夺得了王位。

关于启的即位，虽然过程有很多种说法，但是结果是一致的。在启之后，历朝历代的王位都是在一个家族之内世代传递的，这种制度被称为"王位世袭制"。从此，王位世袭制取代了禅让制，"家天下"取代了"公天下"。

王位世袭制的产生，在历史上具有划时代的意义，它影响深远，历经将近 4000 年，一直延续到清朝灭亡。

"公天下"和"家天下"有什么区别呢？

儒家思想认为，在尧、舜以及之前的时代是"公天下"，那时候，大道运行，天下为公，人们没有私有观念，彼此之间相亲相爱，推举贤明的人担任领袖，社会上没有欺骗和偷盗，也没有战争，这被称为"大同"；禹之后的时代是"家天下"，大道衰微，天下为家，人们有了私有观念，只亲近自己的亲人，王位由一家一户世代继承，欺骗、偷盗和战争也随之出现了。以禹、汤、周文王、周武王、周成王、周公为代表的贤人遵崇礼制，教化人民，稳定秩序，使社会安定，这被称为"小康"。

"大同"和"小康"是儒家思想中的两种理想社会，今天我们所说的"小康社会"一词就来源于此。

治水之后，大禹还做了什么？

相传，治水后，为了便于管理，大禹把天下划分为九个地理区域，即"九州"。根据《尚书·禹贡》记载，九州分别是冀州、兖（yǎn）州、青州、徐州、扬州、荆州、豫州、梁州和雍州。

古代的"九州"对今天的我们有什么影响吗？

"九州"影响深远，人们常用"九州"代指中国，如陆游所著诗句："死去元知万事空，但悲不见九州同。"（《示儿》）而且，这些地名被历朝历代所沿用，有的一直沿用到今天：

冀州相当于今河北省及其以北的广大地区，因此，如今河北省的简称为"冀"；

兖州在古黄河与古济水之间，今天的兖州区位于山东省西南部；

青州相当于山东半岛，今天的青州市位于山东省中部；

徐州相当于江淮平原，今天的徐州市位于江苏省西北部；

扬州相当于长江下游的广大地区，今天的扬州市位于江苏省中部；

荆州相当于长江中游的广大地区，今天的荆州市位于湖北省中南部；

豫州相当于中原地区，因此，如今的河南省简称为"豫"；

梁州相当于包括四川、贵州等地在内的西南地区；

雍州相当于包括陕西、宁夏等地在内的西北地区。

商代晚期青铜方鼎，保存完整，铸工精良，鼎身四壁近口沿处装饰一条双身蛇，左右各装饰有乳钉纹带，鼎内有两处铭文，明确标明铸造于商纣王二十二年，十分罕见，现藏于北京保利艺术博物馆

夏朝与二里头文化有什么关系？

提到夏朝，就不能不提二里头文化。因为二里头遗址所在位置与传说和史籍中的夏人活动地域接近，因此，很多考古学家认为二里头文化属于夏文化，至少是探索夏文化的重要对象。

二里头文化是青铜时代早期考古学文化，因河南省偃师二里头遗址而得名，年代约为公元前1900年至公元前1600年，主要分布在河南省中西部和山西省南部。

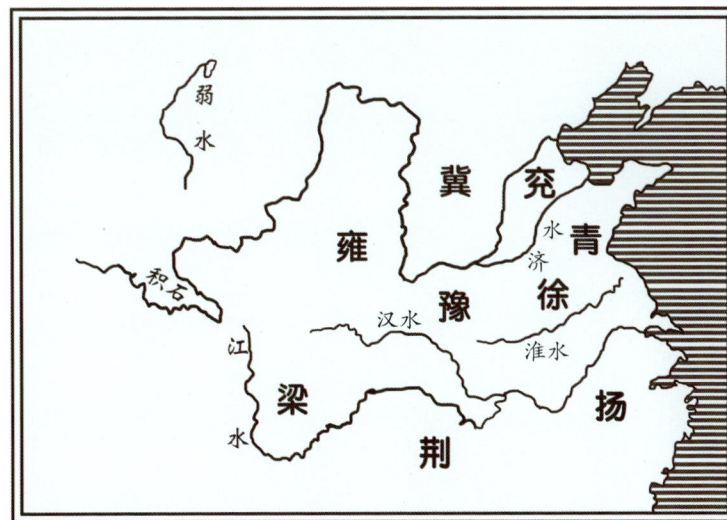

二里头遗址具备了国家形态的很多特征，比如发现了大型宫殿遗址，宫殿布局严谨，结构主次分明，是目前所知的中国最早的宫殿建筑。而且，二里头文明已经掌握了非常高超的青铜铸造技术。

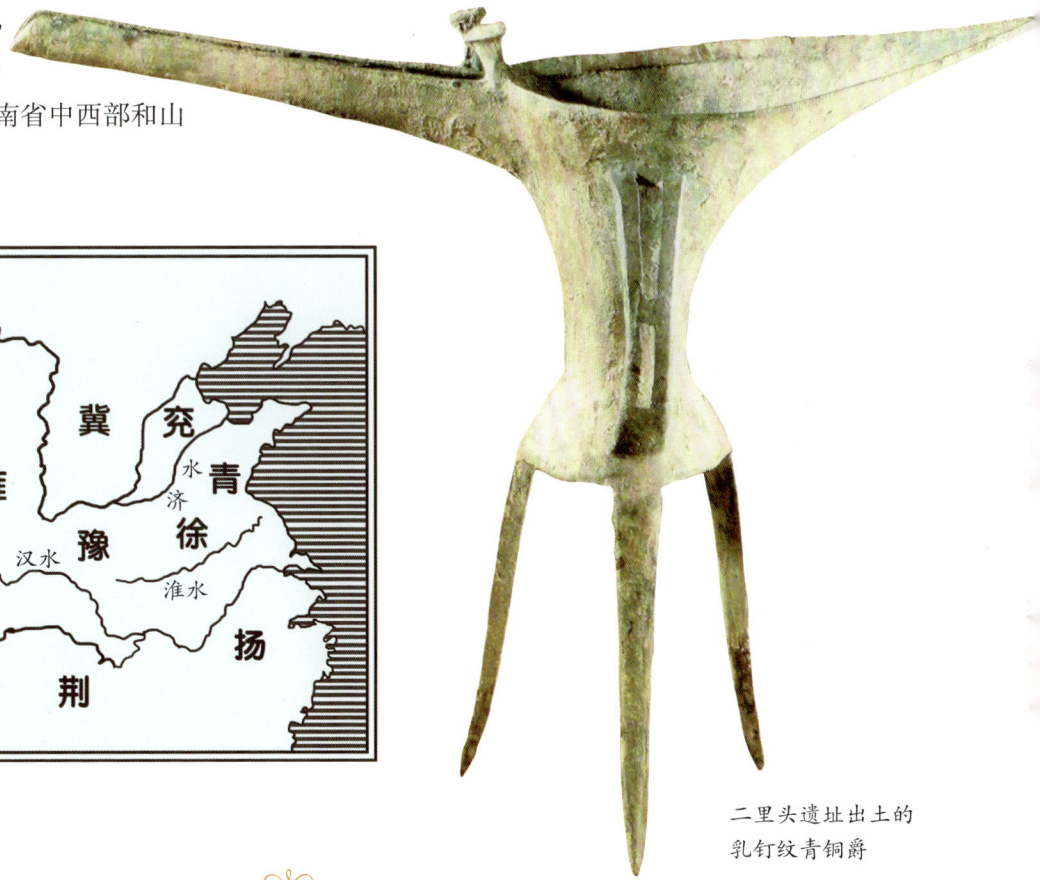

禹贡九州图

二里头遗址出土的乳钉纹青铜爵

夏朝持续了多长时间，又是怎么灭亡的？

夏朝是中国史书记载的第一个世袭制朝代，总共经历了14代（17王）统治者，历时400多年，最后被附属部落商所灭。

夏朝的最后一个王叫作桀，他荒淫暴虐，激起百姓不断反抗。同时，附属的商部族在贤明的领袖汤的领导下逐渐崛起。后来，汤发兵讨伐桀，最终击败了桀，并且把他放逐到南方，夏朝灭亡，商朝建立。

商朝灭亡的经过和夏朝很像，也是因为最后一位王（纣）统治残暴，好酒淫乐，更有妲己助纣为虐，引起了人民的愤怒，最后被逐渐强大起来的周部落（武王）所灭。

可见，夏、商、周三代是在部落联盟基础上形成的国家政权，一旦中心王权衰落，很容易被周边强大起来的部落替代。

西周宫殿

公元前 1046 年，周武王灭商，中国历史进入西周时代（前 1046—前 771 年）。我国古代宫殿建筑的基本布局在西周时期已见雏形。

在当时，只有周天子能驾乘六匹马拉的马车，那么画面上一共出现了多少匹马呢？

侧殿

回廊

向周天子跪拜的人

周天子的坐辇倾翻

作为当时的最高统治者，周天子拥有无上的权力，数一数，有多少人在跪拜周天子？

有两个人正费力地抬着鼎向前走，你能找到他们吗？

主殿

夯土台

周天子

鼎式香炉

喜鹊登梅

只有一个侍卫的手里有盾牌，但是好像并没有派上什么用场，这个侍卫在什么地方？

真是讽刺！画面中出现的"喜鹊登梅"本来是寓意吉祥的传统图案，结果今天的西周宫殿前却乱作一团，有一个人手里拿着一团绳子，似乎准备将惊马收服，你知道这个勇敢的人在哪里吗？

19

←← 什么是礼乐制度？ →→

礼乐制度是西周时期最为著名的政治制度，相传为周武王的弟弟周公所作，分为"礼"和"乐"两个部分，涉及贵族生活（包括周天子在内）的方方面面，如祭祀、封国、礼乐、税赋、婚丧、服饰、饮食、住房等。

周朝通过礼乐制度来明确贵族的身份地位，要求所有人都要严格遵崇礼制，必须依照自己所在的等级说话办事，不可僭(jiàn)越。

生活礼仪的背后，是对封建等级秩序的严格要求。这一点体现在中国古代生活的方方面面，中国古代的宫廷建筑也有明显的体现。

周公像
周公 Zhou Gong

夏商时期有礼乐制度吗？

据说，礼法在夏王朝就已有端倪，到了商王朝的神权时代，礼法得到了信仰上的巩固，周公不过是总结前人经验，完善了礼法的体系。

但是夏代至商早期还没有文字出现，所以我们现在无从得知夏商时期礼法制度的细节。

西周宫殿是中国古代最早出现的宫殿吗？

不是。考古学家认为，二里头遗址内的宫殿基座是中国目前被确认的最早的宫城建筑。

二里头遗址宫城方正规矩，建筑基址群具有中轴线规划，西安的汉唐都城宫殿遗址和北京故宫都有与二里头遗址相似的宫殿建筑机制。

这说明，二里头遗址的布局规划已经形成了中国古代都城规划的规制，后世都城的规划与其一脉相承。

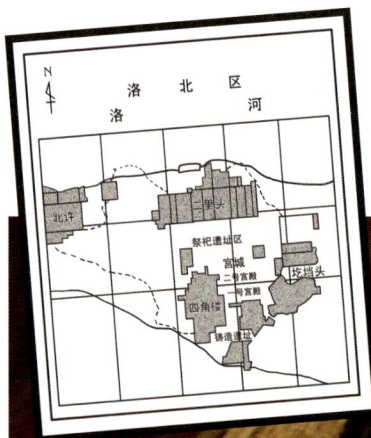

二里头遗址
都城描述图

周天子和平民的生活差别有多大？

以出行举例，《逸礼·王度记》记载："天子驾六，诸侯驾五，卿驾四，大夫三，士二，庶人一。"从这段话可以看出，周礼规定，不同等级的人，乘坐马车时能够驾驭的马匹数量也不同。周天子可以乘坐六匹马拉的马车，但是平民只能乘坐一匹马拉的马车。

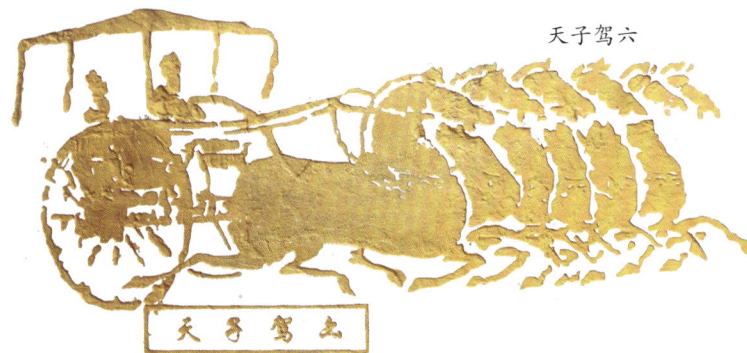

天子驾六

天子驾六

周天子是皇帝吗？

不是。"皇帝"的称号由秦始皇首创，因此，先秦时期并没有"皇帝"，那时的最高统治者一般称"王"或者"天子"。

偃师二里头遗址一号宫殿复原图

西周的青铜器是人人都能用的吗？

当然不是了。西周时期，青铜器的制作难度很大，工艺复杂、价格昂贵，主要用作王族和贵族的重大礼仪活动。对于普通人来说，日常生活使用最多的还是陶器。

西周宣王颂鼎铭文

作为礼器，青铜器上面大多刻有铭文，以纪念祖先、记录赏赐或王命。因为古代的铜也称为金，所以又叫"金文"。

这种在青铜上雕刻铭文的技术始于商，后为周王室继承，这项技术被王室垄断，用以赏赐诸侯和功臣。平王东迁后，王室没落，这些技术匠人也流落到各个诸侯国，文字也得以传播开来。

中国最早的文字出现在什么时候？

传说，创造文字的人是黄帝时的史官仓颉。考古学家在陶寺遗址等遗址中发现的陶片上有一些刻符，这些刻符是文字的雏形，但是还并不是成体系的文字。

中国文字可能产生于原始社会末期，发展到商代时，比较成熟的文字已经出现，这就是我们熟知的甲骨文。

甲骨文是刻写在龟甲或者兽骨上的古文字，清朝末年在河南殷墟被发现。甲骨文的构字法与今天的汉字基本相同，而且一些甲骨文的字形一直沿用至今，可见中国文字的源远流长。

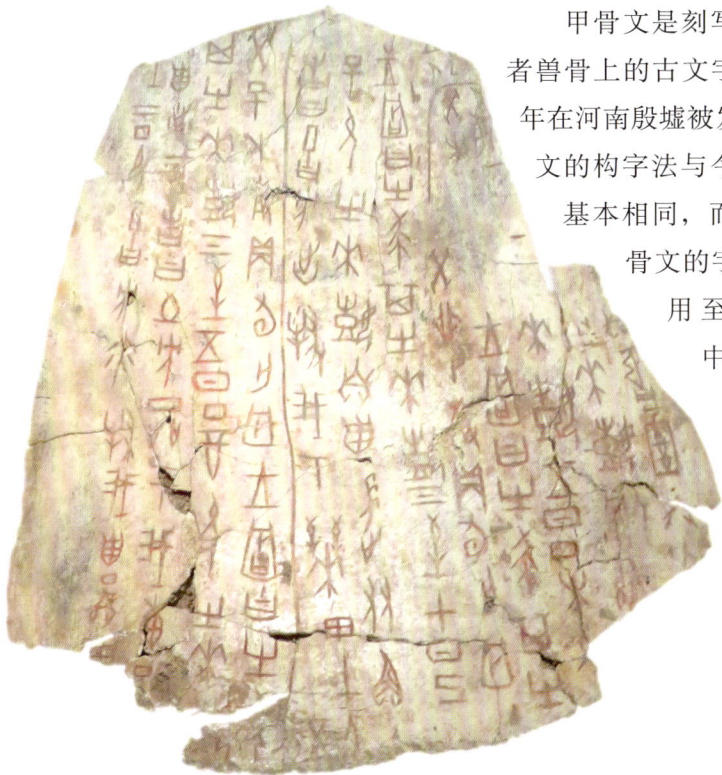

甲骨文拓片

周天子用什么办法管理天下？

《诗经·小雅·北山》中说："溥天之下，莫非王土；率土之滨，莫非王臣。"意思是说周天子是全天下的最高统治者，所有的土地都属于他，所有的人民都归他管辖。但是，周的疆域广大，人口众多，周天子不可能掌控每一寸土地，管理每一个人，那么该怎么办呢？

据《左传》记载，周王室"封建亲戚，以藩屏周"，即通过实行分封制来巩固自己的统治。周天子将他的子弟、亲戚和异姓功臣分封到全国各地建立诸侯国，并赐予他们土地和人民。诸侯享有对受封土地的统治权，同时要服从周天子的政令、承担对周王室的义务。同样地，诸侯把自己的封地再分封给各个卿大夫，卿大夫再把封地分封给各个士，士以下不再分封，从而形成了"周天子—诸侯—卿大夫—士"的金字塔形等级结构。

通过实行分封制，周天子建立起了对广阔国土和众多人民的有效统治，加强了周王室与各诸侯国之间的经济、文化联系，促进了对边远地区的开发。

西周有多少个诸侯国？

关于西周时期诸侯国的数量，史籍中有不同的说法。《荀子·儒效》中说，"兼制天下，立七十一国，姬姓独居五十三人"；《史记·汉兴以来诸侯王年表》中说，"武王、成、康所封数百，而同姓五十五"；《吕氏春秋》中说，"周之所封四百余，服国八百余"；《晋书·地理志》中说，"凡一千八百国"。

所以，西周时期诸侯国的具体数量是没有确切答案的，而且西周时期存在国家兼并的情况，诸侯国的具体数字也是在不断变化的。

西周平民的日常生活是什么样的？

西周时期，社会阶层分化明显。当时主要有三个阶层，即贵族、平民和奴隶。平民又分为两类，即住在"国"内的人叫作"国人"，住在郊外农村的农民叫作"野人"。

国人是贵族的远房亲戚，与贵族有一定的血缘关系，但是没有贵族的地位。国人拥有参政议政的权利，承担服兵役的义务。周厉王在位时，实行高压统治，人们不敢在公开场合说话，在路上打招呼只能互相使眼色。国人不满周厉王的暴政，围攻王宫，赶走了周厉王，史称"国人暴动"。

野人主要是被征服部族的人民，他们的地位比国人低，平时从事农业生产，为贵族服务，而且不能随意迁徙。

那时候的人们使用钱吗？

西周时期，贝币是常见的货币。根据考古发现，早在商代，"贝"就已经作为货币被使用了，并且沿用至西周。贝币的单位是"朋"。除天然海贝以外，还有由其他材料制成的贝币，如铜贝、玉贝、石贝、骨贝等。

贝币影响深远，汉字中和金钱有关的字往往都是贝字旁的，如"财""贪""贫""贱""贿赂"等。

贝币

---

* 延伸思考：为什么会有西周和东周？

公元前771年，西部民族犬戎攻占首都镐京（今陕西西安），新即位的周平王在晋文侯、秦襄公等贵族的护送下，把都城迁到洛邑（今河南洛阳），周的历史进入了一个新的阶段。因此，历史学家以平王东迁为标志，根据都城的相对方位，把周的历史划分为两段，平王东迁之前称"西周"，之后称"东周"。

中国历史上还有一些朝代同样根据都城的相对位置被划分为两段，比如西汉、东汉，西晋、东晋，北宋、南宋等。

春秋首霸齐桓公

　　春秋时期（前770—前476年），周天子势力减弱，诸侯群雄纷争，其中，齐国国君齐桓公在国相管仲的辅佐下推行改革，率先成为春秋时期的第一位霸主。

管仲带领大马伏击公子小白

鲁军

齐军

交战中的齐鲁士兵

仪仗扇

齐桓公

管仲

太倒霉了！有一个士兵差点儿被马车上掉落的旗帜砸到，幸亏他灵巧地躲开了，你能从画面中把这一幕找出来吗？

作为当时最富庶的诸侯国，齐国市井热闹非常，有一个商贩干脆走到店铺外，张开双臂，大声地叫卖起来，这一举动吸引了不少人围观，快把这个大胆的家伙找出来！

赶回齐国途中的
公子小白和鲍叔牙

热闹的齐国市井

鲍叔牙

运输货物
的商人

画面中有一件器物和第24页出现的一件文物一模一样，你能找到它，并叫出它的名字吗？

管仲就在败逃的鲁军之中，你能找到他吗？

画面一共分几个部分？你能概括出相应的内容吗？（你可以阅读完第24～25页的内容，再回来进行概括。）

23

为什么叫"春秋"？

"**春**秋"得名于鲁国史书《春秋》。《春秋》记载了鲁隐公元年（公元前722年）到鲁哀公十四年（公元前481年）的史事。为了叙述方便，历史学家把春秋时期的起止时间划分为周平王元年（公元前770年）到周敬王四十四年（公元前476年）。

齐国是从哪里来的？

齐国是周初分封的诸侯国，开国君主名叫吕尚，就是人们常说的姜子牙。吕尚为姜姓，吕氏，名望，据说字子牙，人们尊称他为姜太公、齐太公、太公望。吕尚因为辅佐周文王和周武王灭亡商朝、建立周朝有功，所以被封在齐地，建立了齐国。

齐国的酒文化源远流长，出土了很多以牛为器形的古代盛酒器，后人称之为"牺尊"，图为齐国故都临淄出土的金银错镶嵌战国铜牺尊

为什么姜子牙的"姓""氏"是分开的？

上古时期，姓氏有别。姓是族群名称，表示族群有一个共同的女性祖先，体现了母系氏族社会的遗存。这也是很多古姓带女字旁的原因，如姜、姬等姓。随着子孙繁衍，一族分为若干分支散居于各地，每个分支又有一个特殊的称号作为标志，这就是氏。

在周朝，贵族有姓氏，一般平民没有姓氏。后来，随着历史的发展，特别是战国以后，人们以氏为姓，姓氏逐渐合而为一。到汉朝时，姓氏合一并且统称为姓，上至皇帝下到平民都有姓。

齐国是如何发展起来的？

齐国的位置大致在今山东省，因为靠海，所以"便渔盐之利"，即渔业资源丰富，制盐业发达。再加上吕尚在齐国修明政治，发展工商业，使得齐国成为当时的大国。

中国制盐业具有悠久的历史。传说黄帝、炎帝时期，夙沙氏（又作宿沙氏）就已经通过煮海水制盐了。考古材料也能证明，早在龙山文化时期，制盐业就已经具有一定的规模了。

齐国刀币，是春秋战国时期主要流通于齐国的货币，基本形制是尖首、弧背、凹刃，刀的末端有圆环，面、背有文字或饰纹

古代盐场复原图（局部）

公子小白是怎么成为齐国国君的？

齐襄公在位时，齐国发生内乱，襄公的两个弟弟公子小白和公子纠出逃避难。公子纠的母亲是鲁国人，在管仲、召忽两人的辅佐下逃往鲁国；公子小白则在鲍叔牙的辅佐下逃往莒（jǔ）国。

后来，齐襄公被杀，齐国没有了国君，经过商讨，大臣们决定请躲在国外的公子小白或者公子纠回来当国君。公子小白与公子纠知道消息后，意识到先回齐国的人就能抢占当国君的先机，于是都连忙向齐国都城赶去。

鲁国人为了阻止公子小白先到，命管仲带人埋伏在公子小白的必经之路上进行阻击。当公子小白等人赶到埋伏的地点，管仲立刻朝公子小白射箭，但是只射中了他衣服上的带钩。公子小白故意装死，把管仲糊弄过去之后，继续赶路。

管仲派人将公子小白已死的消息报回鲁国，于是鲁国不慌不忙，用了6天时间才把公子纠送回齐国都，然而，公子纠到了之后才发现公子小白早已掌握了局势，只好逃回鲁国。公子小白即位，这就是齐桓公。

什么是"管鲍之交"？

管仲和鲍叔牙是老朋友，友谊深厚。鲍叔牙知道管仲很有才能，对他很包容。

他们合伙做买卖，管仲出的本钱少，拿的利润多，鲍叔牙不仅不骂他贪心，还说他生活困难，应该多拿一些。管仲帮鲍叔牙出主意办事，结果事情办砸了，鲍叔牙不仅不骂管仲愚钝，还说事情没办好不是因为他的主意不好，而是因为时机不成熟。管仲去打仗，却总是当逃兵，鲍叔牙不仅不骂管仲胆小，还说他并不是真的怕死，而是因为家里有老母亲需要侍奉。再后来，鲍叔牙辅助齐桓公登上王位，他拒绝了齐桓公想要任用自己为相的想法，并向桓公大力推荐管仲。

管仲与鲍叔牙之间的友谊经得住时间和事件的考验，后人称为"管鲍之交"。

管仲和鲍叔牙明明是好友，为什么却辅佐了不同的人？

据《管子》记载，齐僖公有三个儿子，分别是公子诸儿、公子纠和公子小白。僖公让鲍叔牙做公子小白的老师。鲍叔牙觉得公子小白没什么前途，所以他怀疑僖公是瞧不起自己，也不想起用自己，故意找了个闲职让他干。

管仲劝鲍叔牙，为了齐国的发展，要听从僖公的安排。鲍叔牙听取了管仲的意见，决定尽心尽力辅佐公子小白。

所以，鲍叔牙和管仲辅佐不同的人，其实并不是他们二人故意站在彼此的对立面，而更可能是迫于国君的安排。

管仲是如何辅佐齐桓公治理国家的？

管仲非常重视农业，主张农为天下之本。他认为，如果不分土地好坏，对所有耕地一律征收相同的税额，那么拥有肥地的人就占便宜，拥有差地的人就吃亏，这不公平，容易造成农民从差地往肥地迁徙，影响农业生产，甚至可能造成社会动荡。

所以担任国相之后，管仲提出"相地而衰征"的政策，就是根据土地的不同情况（如面积大小、距离远近、肥力高低），把土地划分为不同等级，再根据土地等级，按照一定的比例征收数额不等的租税。

这一政策保证了税赋的公平，农民就没有必要迁徙，可以安心在自己所在的土地上耕作，这样就能够减少人口流动，维护社会秩序，稳定农业生产。

在外交上，管仲提出了什么策略？

管仲为齐桓公制定的外交策略是"尊王攘夷"。"王"指的是周天子，"夷"指的是少数民族，"尊王攘夷"的意思就是尊崇周天子，抵御少数民族。

齐桓公任用管仲进行改革，使得齐国国力增强，有了称霸的资本。当时，原有的秩序被打乱：周王室衰微，无力控制各诸侯国，各国之间战争不断；北方少数民族乘虚而入，进攻中原地区。于是，齐国积极开展外交活动，打着巩固周王室的旗号，团结各国共同抵御少数民族的进攻。

齐桓公为什么只是称"霸主"，而没有取代周天子？

齐国强大起来之后，齐桓公确实有取代周王室的想法，但是管仲建议齐桓公要遵守礼制，尊奉周天子。管仲认为，假如齐桓公不尊礼、不尊王，那么，其他诸侯也会纷纷效仿，挑战齐国的权威，齐桓公的地位就难保了。如果齐桓公尊礼、尊王，其他诸侯也必须尊礼、尊王，齐国具有道义上的优势，能够"挟天子以令诸侯"。

这里所谓的"霸主"在政治意义上维护分封制的等级秩序和周天子的天下共主地位，实际上是维护齐国在新的国际秩序中的优势地位。

越王勾践剑，春秋晚期越国青铜器，中国一级文物，正面近剑格处有"越王鸠浅（勾践）自乍（作）用鐱（剑）"的鸟篆铭文，故名。它代表了当时短兵器制造的最高水平，被誉为"天下第一剑"

春秋时期还有哪些"霸主"？

管仲死后，齐桓公任用佞臣，齐国逐渐衰落。晋文公、秦穆公和楚庄王先后称霸中原。楚国强大起来后，楚庄王曾经率军到东周都城洛邑的郊外示威，向周王的使者王孙满询问鼎的大小与轻重。鼎是王权的象征，楚庄王"问鼎"的行为说明他有替代周王号令天下的野心。后来，人们用"问鼎"一词来表示企图夺取政权，或者比喻在竞赛中夺取第一名。

春秋晚期，南方的吴王阖闾（hé lǘ）和越王勾践也先后称霸。吴、越两国相邻，经常打仗。在一次战斗中，吴王阖闾被越王勾践的大将军灵姑浮砍伤，后来阖闾因为伤势过重而死。阖闾死后，他的儿子夫差继位。3年后，夫差带兵攻打越国报仇。越军大败，越王勾践只好投降，做夫差的仆人，为夫差看守坟墓、饲养马匹。

后来，夫差把勾践放回越国。回国之后，勾践每天睡在柴草堆上，睡觉、吃饭前都要尝尝苦胆，提醒自己不要忘记耻辱。经过10年的发展，越国由弱变强，最终击败吴国，成为霸主。这就是成语"卧薪尝胆"的由来。

杏坛讲学

　　孔子诞生于公元前 551 年的鲁国陬邑(今山东曲阜),他不仅是儒家学派的创始人,还是中国历史上最重要的思想家、教育家,至今在世界范围内都有着深远的影响。

有一位绿衣女子乔装打扮后,也想来听孔子讲学,你能找到她吗?提示:这个好学的女子还是骑马前来的呢!

右十二贤士

向路人兜售的马贩

有三兄弟恰好经过孔子讲学的现场，他们听了一会儿，口渴不已，谁知三弟却将唯一的一碗茶水一饮而尽，这可把二哥气坏了。快把这有趣的一幕找出来吧！

杏坛

孔子

被孔子讲学
吸引的路人

仰慕孔子
名声的人

孔子打破了教育垄断，让平民也有受教育的机会。有几个人为了听课，还专门爬到了高石之上，你能找到他们吗？

一对父子正在和一个相识的小贩聊天，他们在哪里？提示：这个孩子穿着绿色的衣服。

为了获得更好的视角，有人甚至还搬来了梯子。聪明的你能在画面上发现吗？

孔子是他的本名吗？

春秋战国时期，"子"是对有学识的人的尊称，所以孔子并非其本名。据《史记·孔子世家》记载，孔子姓孔氏，名丘，字仲尼。

据说孔子出生时，头顶中间是凹下去的，和尼丘山很像，因此，名丘，字仲尼。其中，"仲"表示排行。在古代，人们通过名字表示兄弟的排行次序，老大称"伯"，老二称"仲"，老三称"叔"，最小的称"季"。因为孔子还有一个哥哥，所以他的字叫"仲尼"。

尼山，原名尼丘山，传说孔子的母亲曾经在这里祈祷而怀孕，据说孔子就出生在尼山脚下的夫子洞里。后世为了避孔子的名讳，所以将尼丘山改为尼山

"三十而立"与孔子有什么关系？

"三十而立"这个说法就来源于孔子。

孔子的祖上是宋国贵族，后来因为政治斗争举家逃到了鲁国，失去了显赫的地位。孔子的父亲只是最低等级的贵族。孔子3岁的时候，父亲去世，他跟随母亲生活，十分困苦。春秋时期，体力劳动被贵族视为低贱的事情。由于年少时贫困，孔子干过很多"鄙事"（体力劳动），这让孔子掌握了很多技能，也锻炼了他的意志。此外，鲁人重视礼的习俗影响了孔子，他从小就对礼制很感兴趣，玩的都是模仿礼仪活动的游戏。

15岁的时候，孔子有志于学，便发愤图强，废寝忘食，学习了很多知识。20岁左右，孔子先后做过管理仓库和管理畜牧的小官。30岁左右，由于博学，孔子有了一些名气，因此，他自称"三十而立"。

杏坛是什么地方？

杏坛是传说中孔子讲学授课的地方。

《庄子·渔父》中说："孔子游于缁（zī）帷之林，休坐乎杏坛之上。弟子读书，孔子弦歌鼓琴。"这句话的意思是，孔子和弟子在树林里游赏，在杏坛坐下休息，弟子们读书，孔子弹琴唱歌。后来，人们就把老师教授学生的地方称为"杏坛"。

孔子有多少学生？孔子讲课用什么教材？

根据《史记·孔子世家》记载，孔子的弟子大约有3000人，其中精通六艺的弟子有72人。这里的"六艺"指的就是"六经"，可以说就是孔子授课时所用的教材。

"六经"指六部儒家经典，即《诗》《书》《礼》《乐》《易》《春秋》（《诗经》《尚书》《礼记》《乐经》《周易》《春秋》）。

除了儒家经典之外，孔子还会讲授其他技能，即礼、乐、射、御、书、数（礼制、音乐、射箭、驾车、书写、算术）。

六艺之御，也就是驾驶马车。据说孔子就是驾驶马车周游列国的，不过也有人认为他驾驶的是牛车

曲阜孔庙的杏坛，始建于宋代

孔子教授的"六经"和后来的"四书五经"有什么关系？

孔子并不是六经的作者，而是六经的整理者和修订者。后来，《乐》失传，其他五部经流传下来，这就是"五经"。西汉时，汉武帝设置"五经博士"，即专门研究、传授五经的学官。

宋朝时要把《孟子》升为和《论语》一样的经典，又配合以《礼记》中的《大学》《中庸》二篇。到了南宋淳熙年间，大学者朱熹编撰了《四书章句集注》一书，从此《论语》《孟子》《大学》《中庸》合称"四书"。

后人把四书与五经并称，所以有了"四书五经"的说法。

拜孔子为师需要交学费吗？

需要。在孔子所处的时代，弟子拜师要送"束脩（xiū）"作为见面礼。孔子曾说："自行束脩以上，吾未尝无诲焉。"束脩就是捆在一起的10条干肉。这句话的意思是说，只要是送给孔子10条干肉（作为拜师礼）的人，孔子就没有不给予教导的。

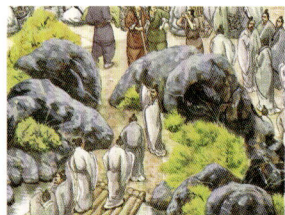

其实，与其说束脩是学费，不如说是拜师礼，孔子并不是重视这10条

干肉，而是重视拜师的礼节。一个人无论高低贵贱，只要愿意行拜师的礼仪，孔子都愿意教导他，这体现了孔子"有教无类"的教育思想。

孔子所处的时代有学校吗？

孔子是私塾教育的开创者，而国家层面的学校在孔子之前就存在，只是不对普通人开放。

传说，上古时期就已经有了具有学校以及文教功能的国家部门，如"庠（xiáng）""序"等。西周时期，"学在官府"，文化教育机构设在官府之中，由贵族所垄断，平民没有受教育的机会。

孔子为什么被誉为"万世师表"？

春秋以后，周王室衰微，官学衰落，私人办学逐渐兴起，平民也能够通过私学接受教育，"学在官府"逐渐变为"学在民间"。而开办私学并获得巨大影响的人，就是孔子。

孔子主张"有教无类"，认为一个人无论高低贵贱，都有接受教育的资格。他收学生不问出身，对学生一视同仁，从来不因为地位和财富的差异而区别对待学生。因此，在孔子

明代所立的"陋巷故址"石碑。陋巷故址位于曲阜古城陋巷街北端，相传为颜回故居遗址

的学生当中，也不乏出身贫寒的人，比如孔子的爱徒颜回。孔子曾经称赞颜回道："一碗饭，一瓢水，住在简陋的小巷子里，别人都无法忍受这种穷困清苦的生活，颜回却依旧能感到快乐。"

孔子是伟大的教育家，是中国历史上第一个以教育为职业、使学术民众化的人，在中国教育史上具有非常重要的地位。孔子也因此被视为教师的模范，被誉为"万世师表"。

《三圣图》，孔子居中，颜回、曾参侍立两侧

孔子有哪些思想？

孔子是儒家学派的创始人，他主要的思想是"仁"和"礼"。孔子重视人，主张"仁者爱人"，提倡每个人都要理解、体贴他人。他要求统治者体察民情、爱惜民力，反对苛政，即残酷压迫、剥削人民的统治。孔子还主张"克己复礼"，要求人们的行为要符合礼制。

孔子为什么要周游列国？
为什么有人说他像"丧家之犬"？

公元前517年（鲁昭公二十五年），鲁国发生内乱，孔子离开鲁国，去了齐国。齐景公很赏识孔子，但是听说有人要谋害孔子，只好让他离开齐国。孔子回到鲁国，继续私人讲学。后来，孔子担任鲁国大司寇，掌管刑狱和纠察。但是，他得罪了掌握实权的鲁国贵族，遭到打压。公元前496年，在鲁国不得志的孔子，开始了长达13年的周游列国之行。这一年，孔子55岁。

孔子曾去过卫国、曹国、宋国、郑国、陈国、蔡国、楚国等国，宣传自己的主张。各国君主往往给予孔子较好的物质待遇，但是并不太认同他的政治主张，也没有重用他。周游列国期间，孔子和他的弟子颠沛流离，备尝艰辛，他们曾被围困、被拘禁、被威胁、被嘲讽。孔子一度非常落魄：去郑国的时候，孔子和弟子走散，看到他的郑国人说他像丧家之狗；孔子离开陈国到蔡国的时候，被困在陈、蔡之间，粮食吃光，只好挨饿……但是这些遭遇都没有让孔子改变自己的志向和主张。

公元前483年（鲁哀公十二年），孔子回到鲁国，结束了13年的漂泊。这时，他已经是一个68岁的老人了。

为什么孔子的主张在当时不受欢迎？

因为孔子主张恢复周礼，他认为，春秋时期天下大乱的根本原因是礼崩乐坏，平王东迁之后，周礼所规定的等级秩序被打破，每个人都不在自己应该在的位置上，君主没有君主的样子，臣子没有臣子的样子，父亲没有父亲的样子，儿子没有儿子的样子。人人都不再安分守己，互相争权夺利，因而造成了社会的动荡与混乱。

当时，各个诸侯国特别是大国都想成为霸主，孔子的主张无疑是在和这些想称霸的诸侯唱反调，自然不会受欢迎。孔子周游列国，宣传自己的理念，尽管很少得到肯定，但他始终坚守自己的信念。

孔子"知其不可为而为之"的精神，激励着后世一代又一代的中国人。

道家一向讲究清心寡欲，在众人都在激烈辩论的氛围下，一个道家人竟然眯着眼睛睡着了，你能找到这个与众不同的人吗?

稷下学宫

春秋战国时期（前 770—前 221 年），是中国历史上第一个思想繁荣的黄金时代，各个学派争芳斗艳，交相辉映，被称为"百家争鸣"，以齐国的稷下学宫为中心。

谁在赏鸟，快找找看吧!

有一个人在吹笛子，你能找到他吗?

竹简

青铜匜

孟子

齐宣王

墨家

人形足敦

青铜

高柄盖豆

窗外也有人在听，你发现了吗? 快请他们也进来吧!

小壁虎躲到哪里去了?

有一个墨家弟子举着一个酒樽，竟然喝醉了，这和一向追求生活清苦、严于律己的墨家信条似乎不太符合，难道他是假扮的？找到他，才能解开疑问。

青铜香炉

持不同意见的
两个学派激烈辩论

稷下学宫竟然还有猫！真是太神奇了，你能找到这个小家伙吗？提示：它是一只身上长着黑色花纹的白猫。

稷下学宫是什么地方？

当时的百家争鸣是以齐国的稷下学宫为中心的。稷下学宫是世界上第一所官办高等学府，有力地促进了百家争鸣局面的形成。在兴盛时期，这里曾经容纳上千位来自各国的贤士，包括孟子、淳于髡和荀子。其中，荀子曾经三次担任过学宫的"祭酒"，相当于我们现在的"校长"。

稷下学宫是谁创办的？

稷下学宫是田桓公创办的。田桓公是田氏代齐之后齐国的国君，人们为了把他与春秋时期的齐桓公（公子小白）区分开，就叫他田桓公。

田氏代齐之后，齐国亟需人才来巩固政权、稳定秩序。于是，田桓公建稷下学宫（因建在齐国国都临淄城的稷门而得名），招揽天下贤士。他不仅给予学者大夫的职位，还提供优厚的物质待遇，这吸引了各国学者来到稷下学宫。在那里，各派学者广收门徒，自由辩论，交流思想，为各家争鸣提供了平台，学术氛围相当浓厚。

除了讲学以外，这些学者还为齐王议论政事，参与国家决策。到齐宣王时，稷下学士多达1000余人，稷下学宫成为当时政治咨询和学术交流的中心。

"百家争鸣"具体有多少家？

"百家争鸣"的意思是指当时的学派数目非常多，实际上不止100家，根据《汉书·艺文志》的记载，诸子学派共有"百八十九家"，也就是189家。

其中，影响较大的有10家：儒家、道家、墨家、法家、阴阳家、纵横家、名家、农家、杂家和小说家。在这些学派之中，有四个学派名声最大，即儒、墨、道、法四家，其中儒墨两家影响最大，被人们称为"显学"。

诸子百家出处
《汉书·艺文志》

孟子是孔子的学生吗？

孟子不是孔子的学生。孔子生于公元前551年，孟子生于公元前372年，两个人出生的时间差了将近180年，所以，孟子并没有机会亲耳倾听孔子的教诲。

不过，孟子师从子思的弟子，而子思是孔子的孙子。人们把子思的学说和孟子的学说统称为"思孟学派"。

稷下学宫所在地——齐古都临淄城复原图

孟子是儒家的代表人物之一，曾被韩愈列为先秦儒家继承孔子"道统"的人物，元朝追封为"亚圣"。图为始建于北宋的孟庙，又叫亚圣庙。

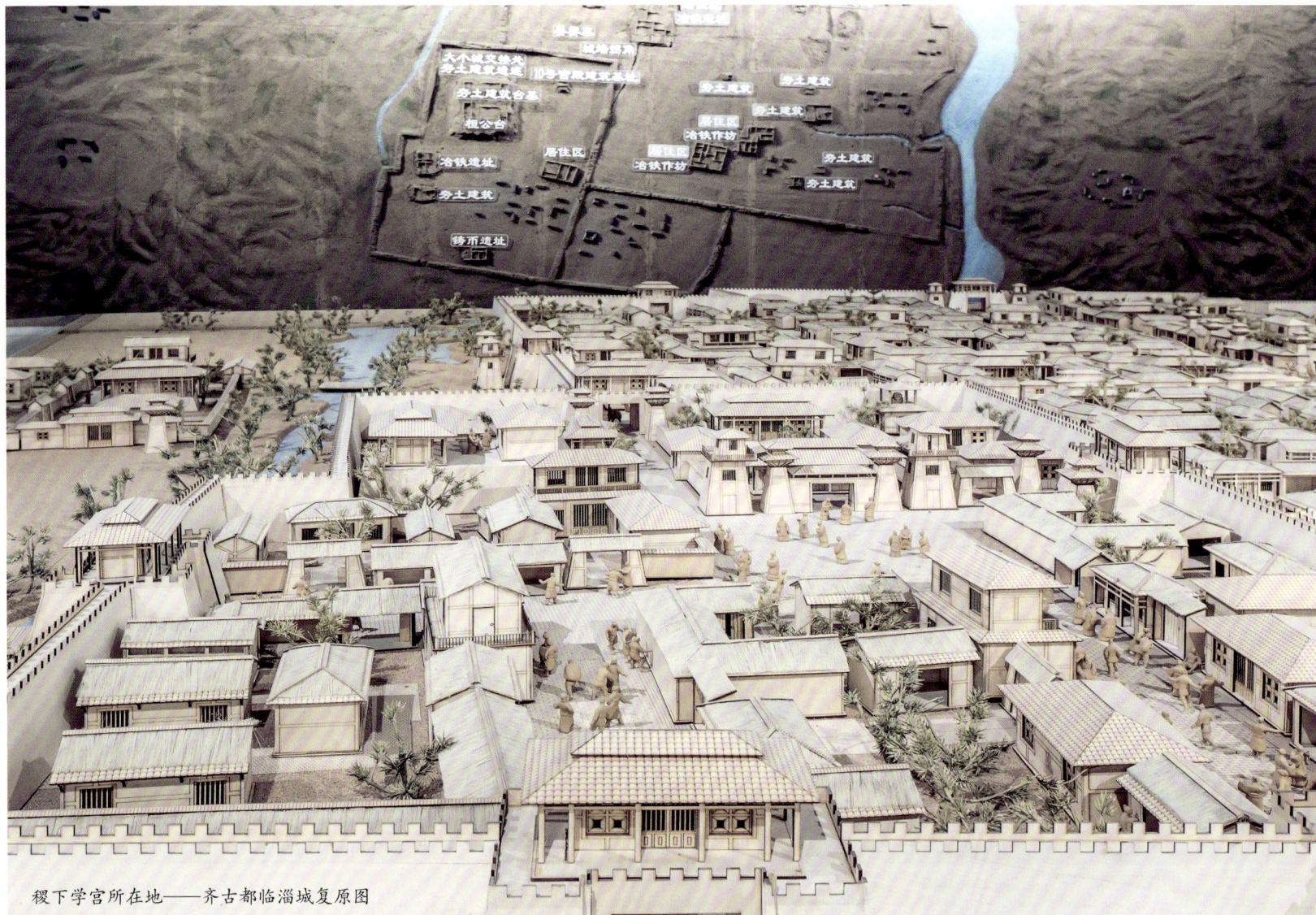

同是儒家学派代表人物的孟子和荀子，观点有什么不同？

孟子和荀子观点对立最突出的地方，就是性善论与性恶论的对立。

孟子认为，人性本善，人天生就有善的品质，有"仁义之心"。但是，由于外界利益的诱惑，人们会见利忘义，丧失本心。因此，他主张人要加强自我修养，找回本心。而荀子认为，人性本恶，善反而是后天人为的。因此，他主张"化性起伪"，也就是用后天的手段来改造人恶的本性。简言之，就是规定礼义，制定法度，来规范人的行为。

孟子与荀子的观点有如此大的不同，主要原因是两人生活的时代不同。孟子比荀子大将近 60 岁。在荀子生活的时代，诸侯国之间尔虞我诈、争权夺利，打得不可开交、你死我活，兼并战争异常激烈。各国的主要任务是集中资源，扩张军备，消灭敌人，为了完成这个任务，往往需要统治者大量征发人民，玩弄阴谋诡计。而孟子的"仁义"学说强调以民为本，道德教化，而且反对战争，显然不能完全符合荀子所处时代社会发展的需要。因此，根据社会发展的趋势，荀子汲取各家学说的精华，提出新的观点，发展了儒家思想。

为什么荀子的两个学生成了法家的代表人物？

荀子是儒家的集大成者，他的理论影响了法家。荀子有两个学生，是著名的法家学派代表人物，即韩非和李斯。他们继承了荀子的性恶论，并且进一步指出用礼义来规范人的行为远远不够，国家要抛弃仁义，用刑罚镇压人民，用法律维护秩序。

法家还提出了法治的思想。法家认为，如果没有法令，即使圣贤的君主也不能治理好国家；如果有法令，即使暴君也不会把国家搞得非常乱。大部分君主既不是圣贤也不是暴君，而是中等水平的统治者，他们依靠法令治理国家，就像笨拙的工匠依靠模具来做工，不会出大问题。

法家思想影响深远。战国时期，秦国全面接受了法家思想，并且依靠法家的治国方法实现了富国强兵的目标，最终统一了全国。后世的统治者也都综合儒家和法家的理念来治理国家。

墨家是古代的"黑帮"？

墨子是墨家的代表。他主张"兼爱"，即平等博爱，人与人之间应该不分远近亲疏地相亲相爱；"非攻"，即反对战争；"尚贤"，即选举天下的贤能之人为统治者。

墨家学派的信奉者称为"墨者"。墨者是一个有组织的团体，最高领袖称为"钜（jù）子"，团体内部有严格的规矩。有人说墨者是中国古代的"黑帮"，其实这只是句玩笑话。墨者生活简朴，吃菜羹，穿粗布短衣，为了制止战争的理想，奔走在各国之间，他们更像是一群苦行僧。墨家对自然科学也很感兴趣，世界上第一个小孔成像的实验就是墨子和他的学生完成的。墨家经典著作《墨经》还有关于力学和几何光学等知识的论述。

老子身上的传奇色彩非常浓厚，据说他后来隐居不仕，骑着青牛出函谷关，后来就不知所终了。图为宋代画家晁补之所画的《老子骑牛图》，现由台北"故宫博物院"收藏

道家学派的代表人物是谁？

老子和庄子是道家的代表。老子是道家学派的创始人，他认为万物的本源是"道"；任何事物都存在着相互依存、相互转化，对立统一的两个方面。在政治上，老子主张顺其自然，无为而治，甚至退回小国寡民的时代。

庄子是战国时期道家学派的代表人物，他发展了老子的学说，认为万事万物都是相对的，是非对错是无所谓的，人应该放弃一切生死贵贱的差别观念，超然物外，从而获取精神上的自由，达到逍遥的境界。道家学派同样对中华传统文化具有非常深刻的影响。

为什么会出现百家争鸣的局面？

战国时期，"士"指的是有一定知识或技能的人。士阶层的崛起，背后有复杂的历史原因。首先，战国时期，不少曾经掌握文化的贵族没落，沦落到民间；民间办私学的风气日盛，一些平民通过私学学到知识。这些没落贵族和受过教育的平民组成了新兴的士阶层。其次，各国政治体制向君主专制过渡。随着国君权力加强、对外战争频繁，行政事务越来越复杂，朝廷需要更多识文断字的官员，而掌握知识的士阶层正好是非常合适的人选。社会变革促使士阶层登上了历史舞台。新兴的士阶层崛起，是战国时期出现"百家争鸣"这一局面的主要原因。

士阶层作为掌握知识文化的社会阶层，在战国时期具有重要的地位。在士人之中，有思想家，他们著书立说，招揽门徒，传播文化；有改革家，他们辅佐君主，锐意改革，建功立业；有侠客，他们忠肝义胆，有勇有谋，视死如归。

这些士人针对当时亟待解决的社会问题，提出了不同的政治主张与强国方案，创立了形形色色的理论与学说，形成了各种各样的学派。他们之间展开激烈辩论，互相攻击、互相学习、互相影响，最终形成了战国时期"百家争鸣"的局面。

战国七雄

经过春秋时期旷日持久的兼并，周王朝境内的诸侯国数量大大减少，后来还形成了齐国、楚国、燕国、韩国、赵国、魏国、秦国"七雄争霸"的局面，这就是历史上的"战国时期"（前475—前221年）。

象征权力之巅的鼎

誓死抵抗的楚

横扫六国的秦

不敌强秦的赵

战争是残酷的，有一个士兵正在硝烟中痛哭，因为战友在他的怀中死去了，你能找到他们吗？提示：他们都穿着紫色的战袍。

距秦最远的燕

日渐式微的魏

不战而降的齐

最先覆灭的韩

在一处隐秘的沟壑中躲着三个士兵，他们似乎想从这里逃走，远离可怕的战争，他们会成功吗？

公元前 354 年，魏国进攻赵国，赵向齐求救，孙膑、田忌二人合力，采用"围魏救赵"战术取得胜利。画面中有齐魏交战的场景，你能找出来吗？

35

←← "战国"这个称呼从何而来？ →→

开始，"战国"一词指的不是一个时间段，而是泛指当时参与连年交战的强国。到了西汉，大学者刘向编撰了主要记述战国时期纵横家言论的《战国策》。此后，"战国"就成为这一历史时期的名称了。

战国时期的开始时间有多种说法，为了分期方便，历史学家一般采取《史记·六国年表》的说法，即公元前475年（周元王元年）。战国时期的结束时间是公元前221年，即秦统一中国的时间。

战国时期只有七个国家吗？

当然不是。

春秋以来，经过数百年的战争，大部分诸侯国已经被蚕食分解，脱颖而出的是当时七个最强大的诸侯国——秦、韩、赵、魏、楚、燕、齐，史称"战国七雄"。

不过，当时还有一些小国，在大国之间艰难生存。哪怕是秦并六国之后，像卫国（秦国功臣商鞅和吕不韦的母国）这样的小国也被象征性地保留下来。

战国时代开启的标志性事件是什么？

"三家分晋"和"田氏代齐"这两个标志性事件，形成了战国七雄争霸的基本格局。

春秋时期，为了更好地治理国家，晋文公设置了韩、赵、魏、知、范、中行"六卿"，也就是六个卿大夫来辅佐自己，这让晋国后来得以称霸天下，成为最强大的国家。但到了晋国后期，卿大夫之间相互吞并，并逐渐架空了国君的权力。公元前453年，赵联合韩、魏灭掉了知氏，此时的"六卿"只剩下赵、韩、魏三家。公元前403年，周威烈王封三家为诸侯。公元前376年，韩、赵、魏三家废晋静公，并将晋国的土地瓜分，导致晋国最终分给魏、赵、韩三个国家，史称"三家分晋"。

公元前391年，齐国大夫田和将原来的姜姓国君齐康公放逐于海上，自立为国君，公元前386年被周安王册命为"齐侯"，史称"田氏代齐"。

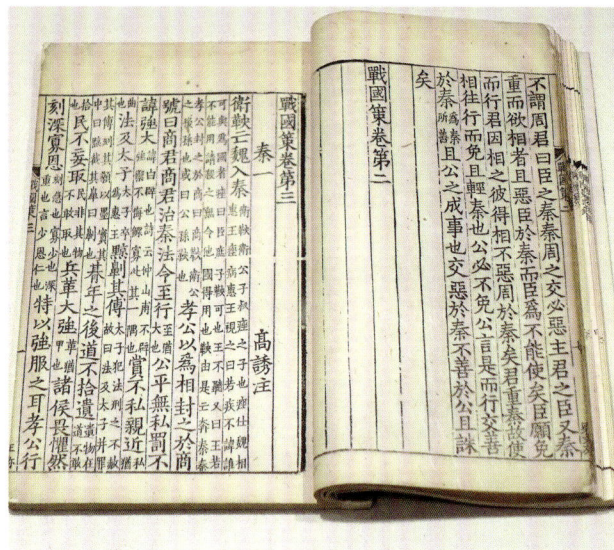

《战国策》

"战国七雄"都是如何发展起来的？

在战国初年，通过李悝（kuī）变法，魏国的国力迅速增强，成为战国时期第一个强国。

赵国长期与游牧民族作战，积累了大量战争经验，经过胡服骑射等一系列军事改革措施之后，实力大幅增强。

韩国领土面积最小，但是国家土地肥沃，经济发达。

齐国是春秋时期的强国，濒临海滨，物产丰富，物资充盈。

楚国也是春秋时期的强国，多年来不断开疆拓土，疆域最为广阔。

燕国实力最弱，但地处北方，并非四战之地，所受冲击较小，具有相对稳定的外部环境。

经过长期努力，秦国彻底征服了周边的游牧民族，统一了西北高原。

有哪些事件改变了战国时期的历史走向？

战国时期，诸侯之间战争频繁，政治格局也变化无常。有一些重要的历史事件改变了未来的走向：

一个是商鞅变法让秦国逐步成长为西部强国，一个是赵武灵王"胡服骑射"让赵国成为北方强国，最终秦赵两国军队在长平决战，秦军胜出，奠定了统一六国的基础。

什么是"胡服骑射"？

战国时期，频繁的战争促进了军事技术的发展，也促进了各民族之间的交流，胡服骑射就是赵武灵王主导的一次学习少数民族军事技术的改革运动。

赵武灵王是一位很有志气的国君。他继位以后，由于军事力量弱小，赵国屡次遭到周边国家的侵袭，失去了不少领土。当时，赵国的北方生活着很多游牧民族，他们骁勇善战，装束也很适合作战：身穿短装，骑马射箭，往来如飞，行动灵便。为了提高军队的战斗力，赵武灵王决定向游牧民族学习，让士兵穿胡服，学骑马射箭，这就是"胡服骑射"。

那时候，人们的思想观念还很保守，有不少人反对这项政策，他们认为，少数民族和华夏族之所以是两个不同

胡服骑射

的民族，是因为有不同的风俗习惯。华夏族的人穿了胡人的衣服，像胡人一样骑马射箭，不就变成胡人了吗？但是，赵武灵王和支持他的人认为，改革既然有利于增强赵国的国力，就应该实行；其他民族的风俗习惯既然能让赵国变强，就应该学习。于是，赵武灵王带头穿胡服，贵族和百姓也纷纷效仿。然后，赵武灵王亲自训练士兵骑马射箭，很快就建立起一支新式骑兵大队。改革之后，赵国的军事实力大大增强，一跃成为北方的强国。

什么是"合纵"和"连横"？

商鞅变法之后，秦国迅速崛起，逐渐成为实力最强的诸侯国，改变了七国之间的政治平衡，于是出现了"合纵""连横"等国际关系。

南北为纵，东西为横，合纵指关东六国（齐、楚、燕、赵、魏、韩）结成联盟共同对抗秦国；连横指关东六国中的某国与秦结交，去进攻其他国家。当时，有很多士人到各国游说诸侯实行合纵或者连横，这些人被称为"纵横家"，代表人物有苏秦、张仪等。

苏秦主张合纵，即六国联合抗秦。他能言善辩，在他的游说下，六国在洹（huán）水集会，结成抗秦联盟，苏秦被推举为纵约长，身上佩戴六国相印。但是，这种联盟并不牢固，六国诸侯都有自己的小算盘，不能真诚合作。经过秦国的挑拨，联盟很快就被破坏了。

张仪是苏秦的老同学，凭借自己的口才，他取得了秦王的信任，成为秦相。张仪主张连横，实际上是维护秦国的利益。凭借秦国雄厚的军事实力，张仪威吓、诱惑、欺骗各国国君，使他们放弃抗秦，转而与秦结交。

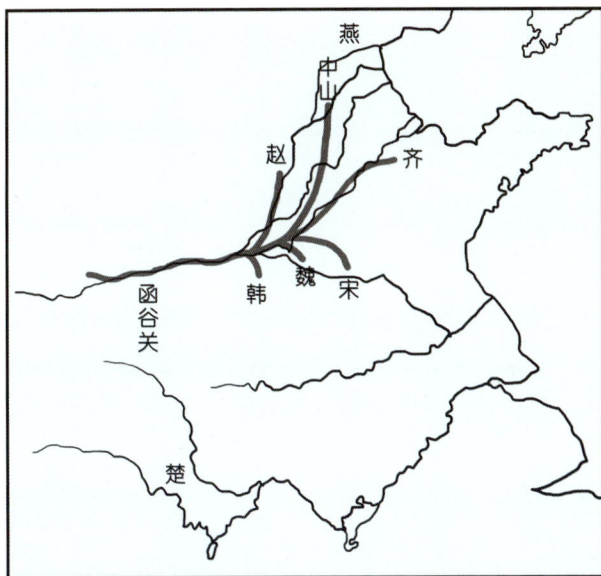

齐、楚、韩、赵、魏、燕六国都在函谷关以东，所以被称为"关东六国"

通过张仪的外交手段，六国之间的联盟走向瓦解，秦国才得以将他们个个击破。可见，战国时期，除了军事实力之外，外交手段也发挥着相当重要的作用。

战国七雄纷纷崛起的时候，周天子在哪里？

平王东迁之后，周王室大权旁落，已无力控制各诸侯国。周王室能直接控制的地区，只剩下洛邑周围几百里地，相当于一个小诸侯国。根据周礼，只有周天子才能称"王"。但是，早在春秋时期，楚国国君就已经开始称王；战国以后，秦、韩、魏、齐、赵等国诸侯纷纷称王，这表明各国诸侯已经不再承认周是天下共主了。

公元前 367 年，周王室发生内乱，分裂出东周君和西周君，周彻底沦为夹在大国之间的小国，命运任由大国摆布。公元前 256 年，周为秦国所灭。

战国时期的战争与春秋时期的战争有什么区别？

春秋时期的战争是争霸战争，战国时期的战争是兼并战争。

春秋时期的战争往往还打着拱卫周天子的旗号，战争的目标是成为霸主，而战国时期的战争把周王室抛到一边，战争的目标转变为实现国家统一。

春秋时期的战争尊崇周礼，有时只是点到为止，不会把敌人赶尽杀绝，而战国时期的战争往往是你死我活的战争，必须尽可能地消灭敌人的有生力量。

举例来说，春秋时期，在晋国与楚国的城濮之战中，晋文公遵守"退避三舍"的诺言，故意让敌人一手；而战国时期，在秦国与赵国的长平之战中，秦将白起活埋赵军战俘 40 多万人，可见战国时期战争的残酷。

春秋车战

驻守都城的秦兵

南门立木

　　为了富国强兵，在争霸战争中取胜，战国时期的各个诸侯国纷纷选择变法改革，其中，以秦国的商鞅变法最为彻底，这也让秦国一跃成为战国后期最富强的集权国家。

快找到这个女孩！她和家人吵架了，气鼓鼓地跑出了家门！

热闹的都城市场

一个气宇轩昂的人骑着马向南门走来，他的身后还跟着几个随从，看起来不是等闲之人，难道是从别国来学习变法经验的吗？

秦国的大街真热闹！认真数一数，你在画面中一共看到了几种动物？

一个乞丐正伸手向路人讨钱吃饭，不过看样子，路人似乎并不情愿施舍。你能准确地指出这一幕是在哪里出现的吗？

秦都城市场的南门

闻讯而来的围观人群

商鞅

五十金

你能找到两个正在争吵的人吗？提示：他们的情绪都很激动，两个人都高高地举起了自己的手臂。

街头巷尾都在讨论商鞅的新法，一个挑着担子走街串巷的小贩听到这个消息，惊讶地张大了嘴巴。你能找到他吗？

←← 商鞅到底叫什么？ →→

商鞅是卫国人，因此又被称为卫鞅。不过，他的本名其实叫作公孙鞅，按照周的惯例，诸侯的儿子以"公子"为氏，诸侯的孙子以"公孙"为氏，可见公孙鞅出身卫王室。

后来，他在秦国变法有功，被封在商邑，因此又被称为"商鞅"。

商鞅是如何来秦国的？

商鞅年轻时喜欢研究法家的刑名之学，起初，他到了魏国，做魏相公叔痤（cuó）的家臣。公叔痤十分欣赏商鞅的才能，但是，不久之后，他却得了重病。临死前，公叔痤把商鞅推荐给魏惠王，建议魏惠王任命商鞅为相，国家大事都要听取他的意见，还强调，如果不用商鞅，就要把他杀掉，防止他辅佐其他国君，让其他国家变强。

魏惠王并没有觉得商鞅能堪如此大用，反而认为公叔痤病情严重，在说胡话。公叔痤死后，魏惠王既没有任用商鞅，也没有杀掉他。

这时，恰好秦孝公在招揽人才，于是，商鞅前往秦国寻找机会，以施展自己的抱负。

商鞅是战国时期最早主持变法的人吗？

不是！战国七雄中，最早开始变法的是魏国的李悝。

魏文侯在位时，任用李悝为相，主持变法。李悝变法的主要措施有：第一，"尽地力之教"，鼓励农民精耕细作，提高粮食产量；第二，实行平籴（dí）法，规定国家在丰年平价收购多余的粮食，荒年平价出售粮食，维持粮价稳定；第三，废除世卿世禄制，提倡选贤任能；第四，制定《法经》，加强法制建设。李悝变法使魏国迅速强大，成为战国初期的强国。

李悝的变法理论深深影响了后来的商鞅。商鞅从魏国到秦国寻求机会的时候，随身携带的就是李悝的《法经》。

商鞅变法的核心是什么？

商鞅变法经历了10多年的时间，内容涉及政治、经济、法律、社会、风俗等多个方面。但变法的核心就是法家学说，用荀子的评价来说就是"赏厚而信，

图为国宝级文物战国商鞅方升，是商鞅为秦变法统一度量衡时所监制的标准量器，也是战国至秦汉容量、长度单位量值赖以比较的标准，堪称中国度量衡史的标志性器物

刑重而必"（意思就是，奖励要丰厚，惩罚要严厉，而且都要说到做到）。在商鞅变法的过程中，有两个事件很好地体现了这一点：一是"南门立木"，二是"太子黥（qíng）刑"。

"南门立木"是怎么回事？

"南门"指的是秦国都城市场的南门。在公布新法之前，商鞅担心百姓不信任、不拥护、不执行新法，于是，他在都城市场的南门竖立起一根三丈长的木头，公开下令，把木头从南门搬到北门，赏十金。人们感到很奇怪，因为这件事并不难，怎么可能值十金呢？所以没有人敢去。后来，商鞅把报酬涨到了五十金。

重赏之下必有勇夫，有一个人报名搬走了木头，于是，商鞅真的赏给他五十金，证明自己没有骗人。这就是"南门立木"和"徙木立信"的故事。

通过这种方式，商鞅让老百姓开始相信法令的力量，为变法创造了条件。

战国时期，各诸侯国之间的商贸往来较为频繁，黄金也普遍成为各诸侯国的流通货币形式，其中的典型代表是以楚国"郢称"等戳印文字的金版。图为"郢爰"（yǐng yuán），"郢"是楚国都城，"爰"是重量单位和货币单位。使用时，根据需要将金版或金饼切割成零星小块，然后通过特定的等臂天平，称量使用

什么是黥刑?
商鞅为什么要对太子的师父实施黥刑?

黥刑是古代肉刑的一种，就是在犯人的面部刺字涂墨的刑罚。春秋战国时期，有"刑不上大夫"的传统，所以，这种肉刑只是针对平民，贵族可以免除。

商鞅颁布新法，主张国家的法律必须人人遵守，哪怕是贵族也不能例外。但是以太子嬴驷的师父公子虔、公孙贾为首的一批旧贵族反对变法，所以唆使太子带头反抗新法。

据《史记·秦本纪》记载，商鞅对秦孝公说："新法推行遇到阻碍主要原因是上面的贵族不遵守，所以，太子犯法也要依法惩办。不过，太子是国君的继承人，不便于受刑，而太子的师父作为监护人，对太子监护不周，理应替太子受罚。"于是，公孙贾被施以黥刑，公子虔也受了罚。

商鞅坚持"王子犯法，与庶民同罪"的原则，表明了变法的决心。

商鞅

睡虎地秦简

商鞅的结局如何? 为什么说商君虽死，"秦法未败"?

尽管商鞅在主持变法时得罪了很多旧贵族，但由于秦孝公的全力支持，变法坚持了下来。

秦孝公死后，曾经犯过法的太子嬴驷继位，这就是秦惠文王。旧贵族见报复商鞅的时机已到，于是对秦惠文王说："商鞅在国内的威信比国君还高，功高震主，而且他本来就是大王的仇人，为什么还不赶快收拾他？"秦惠文王觉得有道理，于是派人逮捕商鞅。商鞅听到消息，只好逃跑。

商鞅在逃亡途中投宿旅店。因为没有凭证（相当于我们今天的身份证），旅店老板拒绝了商鞅，并且告诉他，根据商君制定的法律，如果自己收留没有凭证的旅客，就要被连坐。商鞅听后感叹不已，没想到自己立的法律反而害了自己。最终，商鞅逃亡失败，被捕后遭到车裂。车裂是最残酷的刑罚，就是人们常说的"五马分尸"。

虽然商鞅被杀，但是他推行的新法不但没有废止，反而被长期奉行。最终，新法使秦国实现了富国强兵，为秦统一六国奠定了坚实基础。

听说户籍制度是商鞅建立的，这是真的吗?

不是，早在商代，户籍制度就已经出现了。在秦国主持变法期间，商鞅建立的是一套更加严格的户籍制度。新法规定，居民要登记户籍，五家编为一伍，两伍编为一什。

根据考古学家发掘出土的秦简，户口登记的内容主要包括户主的姓名、籍贯、身份，户内成员的年龄、身高、健康状况，祖孙三代的出身情况，以及家庭财产与类别等。

商鞅为什么要加强户籍制度的管理?

这与当时的时代背景有关。战国时期，各国都在努力追求富国强兵的目标，这就要求国家加强对人口的管理，而户籍制度就是管理人口的有效手段。简而言之，富国就是增加国家的财政收入，强兵就是提高军队的战斗力，这两个目标都与国家的人口状况有着密切的关系。

战国时期，人才可以随意"跳槽"吗?

可以，那时很多著名士人都有过"跳槽"的经历，很多士人在某国不得志，跑到另一国之后却能大显身手。比如曾在楚国主持变法的吴起。

吴起是卫国人，精通兵法，很有才能。他最初在鲁国做事，曾为鲁国立下战功，但是由于遭到鲁国贵族的排挤，他只好离开鲁国，前往魏国。

魏国国君魏文侯任用吴起为将，派他率军攻打秦国，夺取了西河之地，并任命他为西河郡守。吴起在任内政绩显著：百姓团结，政治清明，府库充实，领土扩大。但是，魏文侯死后，吴起再次受到魏国贵族的排挤，他只好离开魏国，前往楚国。

吴起到楚国后，得到了楚悼王的重用，并且在楚悼王的支持下主持变法。吴起变法的原则是剥夺贵族利益，并且把这些利益分配给新兴的社会阶层。吴起变法促进了楚国发展，但是也严重得罪了楚国贵族。

后来，楚悼王去世，楚国的显贵都回到都城参加葬礼，他们见报仇的时机已到，在葬礼上向吴起拉弓放箭，要杀害他。吴起见自己必死无疑，决心与贵族同归于尽，于是趴在楚悼王的尸体上。楚国法律规定，伤害国君尸体属于重罪，贵族虽然射死了吴起，但是也射中了楚悼王的尸体。楚悼王下葬后，楚肃王继位，他下令处死所有射杀吴起并且射中楚悼王尸体的人，一共有70多个家族因此被灭族。

长平之战

战国后期，在长平一带（今山西晋城高平市西北），秦、赵两国先后投入上百万兵力，开始了一场大规模的生死战，史称"长平之战"。

战争太残酷了，有三只小松鼠吓得赶快躲了起来，你能找到它们吗？

势如猛虎的秦军

一代名将白起

赵军败局已定，秦军却并未放松警惕，你能找到陆续赶来的秦军吗？

陷入绝望的
赵括之母

身陷重围的赵军

长平在哪儿？

古长平在今晋城高平市城北10千米的长平村。高平春秋时称泫氏，战国时改为长平。这里是中华民族原始文明的发祥地，相传中华民族的人文始祖炎帝就活动在山西东南部，逝世后就埋葬在羊头山东南的庄里村。

高平三面环山，丹河从北向南纵贯全境，这里崇山峻岭，地形险要，历来为兵家必争之地。

长平之战是一场怎样的战争？

长平之战是秦赵之间的一场战略决战，双方投入百万兵力（赵军45万，秦军60万），据说为了这场战争，秦昭王征调了全国14岁以上的全部男子，是一场名副其实的国运豪赌。

战争持续3年多，秦军取得最后的胜利，坑杀赵军40万，赵国经此一战元气大伤，再无力量与秦抗衡，秦国的统一只是时间问题。

长平之战的导火索是什么？

公元前262年，秦国攻打韩国，攻占韩国野王郡（今河南沁阳），使得韩国上党郡（今山西长治）与韩国本土的联系被切断。上党郡守将冯亭与百姓谋划，决定把上党郡献给赵国，同时也把秦军引向赵国，希望借助赵军来抵抗秦军。赵国接纳了上党郡。

长平之战战略位置图

后来，秦军继续进军，不仅攻占了韩国其他地区，还打败上党郡的守军，攻占了上党郡。赵国派廉颇率军驻守在长平，以便于安置、救助来自上党的难民。于是，秦军进军长平。长平之战就此打响。

廉颇是谁？

廉颇是赵国大将，长平之战前期的指挥官，率赵军坚守长平达3年之久。提到廉颇，最著名的莫过于"负荆请罪"的故事了。

赵惠文王在位时，得到了稀世珍宝和氏璧。秦昭王听说之后，想要以15座城池换取和氏璧。秦国很强大，赵王担心秦国欺骗自己，又害怕拒绝会得罪秦王。在宦官缪（miào）贤的推荐下，赵王派蔺相如带着和氏璧出使秦国。会见秦王时，蔺相如发现秦王并没有要把城池送给赵国的意思，于是用计策把璧送回赵国，史称"完璧归赵"。

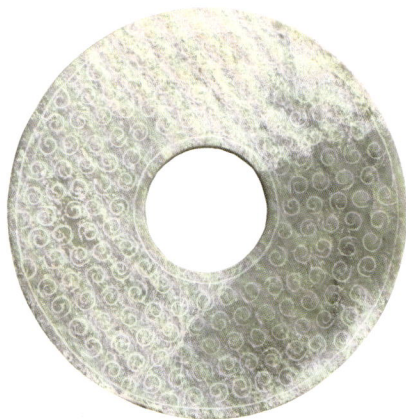

传说秦始皇曾经用和氏璧雕刻成一枚传国玉玺，不过后来早已失传，所以和氏璧到底是什么样子，我们已经无从得知。图为战国谷纹玉璧

几年后，秦王派使者会见赵王，约定在渑（miǎn）池会面，表面上是促进两国交好，实际上是打算要挟赵国。蔺相如随赵王赴会，他据理力争，最终挫败了秦国的阴谋，维护了国家尊严。回国之后，赵王任命他为上卿，位居廉颇之上。

但是这项任命却引起了廉颇的不满。廉颇曾讨伐齐国，大败齐军，攻占城池，也位列上卿。廉颇说："我带兵打仗，出生入死，立了很多战功，而蔺相如就凭着一张嘴，地位反而比我高，如果哪天我碰到了他，一定要当面羞辱他。"

蔺相如听说之后，处处躲着廉颇。蔺相如的门客觉得丢脸，问他为什么这么怕廉颇。蔺相如说："秦王我都不怕，我怎么会怕廉将军呢？我认为，秦国之所以不敢攻打我们，就是因为我和廉将军能团结御侮，如果我们二人不和，秦国必然会趁机侵犯。我处处避让廉将军，是为了国家着想。"

廉颇听说之后，认识到自己目光短浅，心胸狭隘，非常惭愧。于是，他脱掉上衣，背着荆条去向蔺相如道歉。最终，将相和解，两个人结为刎颈之交。这就是"负荆请罪"的故事。

负荆请罪

赵国为什么换掉老将廉颇而起用年轻的赵括？

战争伊始，秦军向长平进军，来势汹汹。廉颇鉴于秦强赵弱的形势，命令守军修筑堡垒防守，消耗秦军士气。秦军屡次挑衅，赵军都避战不出。秦军与赵军相持数年，虽然取得了几次小胜利，但是也没有占到多少便宜。然而，赵王看到廉颇坚守营垒却不出战，而且也没有打胜仗，就多次责备他。秦国丞相范雎（jū）见机使用反间计，派人在赵国散布流言：秦国最怕的就是赵奢的儿子赵括，廉颇很好对付，而且廉颇马上就要投降了。赵王本来就不信任廉颇，所以听信流言，任命赵括代替廉颇指挥军队。

赵括是一个优秀的将领吗？

赵奢是赵国名将，曾在阏（yān）与之战中大败秦军，被赐予"马服君"的封号，赵括是他的儿子。赵括自幼学习兵法，精通军事理论，但没有实战经验，只会纸上谈兵。据《史记·廉颇蔺相如列传》记载，赵奢曾说："战争是你死我活的事情，而赵括却把它说得很容易，说明赵括不懂战争，因此，赵国千万不能让赵括统领军队，否则一定会战败。"

据《列女传》记载，赵王起用赵括后，赵括的母亲曾去劝说赵王收回成命，赵王不听。赵括的母亲很无奈，只好对赵王说："如果赵括失败，请不要追究我的责任。"

可见，赵括并不是一个合格的将领，赵王临阵换将是一次严重的战略失误，也是赵国在长平之战惨败的根本原因。

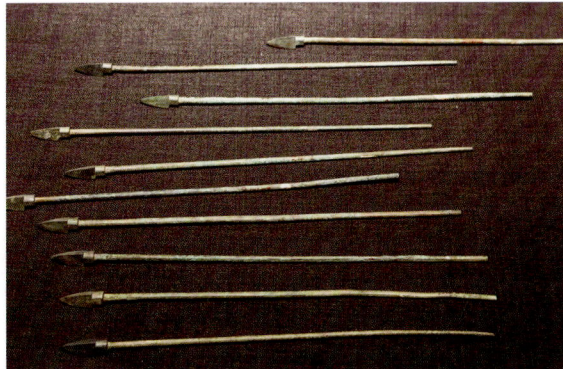
秦国铜镞

将士塔是唐玄宗为纪念 40 万赵国将士所建

长平之战遗址内的永录尸骨坑

赵括是如何失败的？

到任后，为了迎合赵王急于求胜的心理，赵括立刻改变廉颇的战术，由防守转为进攻。赵括率军主动出击秦军，白起将计就计，假装兵败撤退，引诱赵军追击，并且派另一支精锐部队绕到赵军后方。赵军孤军深入，追到秦军堡垒，进攻受挫。此时，已经绕到赵军后方的秦军发动突袭包抄，切断了赵军退路。

赵括率领的赵军被秦军包围，只能修筑堡垒防守，等待援军。秦国又派大军切断赵国粮道，阻击赵国援军。赵军被困 46 天，弹尽粮绝，人困马乏，士气耗尽。赵括率领精锐强行突围，被秦军射杀。

赵军失去将领，40 多万士兵只能向秦军投降。白起担心赵军叛乱，于是把他们全部坑杀，只放了 240 个年幼的士兵回赵国报信。经此一役，赵国的有生力量被消灭殆尽，逐渐衰弱下去。

长平之战后，廉颇去了哪儿？

在长平之战中，廉颇被赵王免职，此后，他一直留在赵国。几年后，燕国谋士栗腹认为，赵国的青壮年都死在长平之战中，而小孩子还没有长大，燕国可以乘虚而入。于是，燕国出兵攻打赵国。赵王再次起用廉颇，在鄗（hào）大败燕军，杀死栗腹，围困燕国国都。燕国只好割让五座城池向赵国求和。之后，赵王把尉文之地封给廉颇，任命他为代理相国。

赵孝成王死后，悼襄王继位。悼襄王任命乐乘替代廉颇。廉颇很生气，离开赵国，前往魏国大梁。但是，魏国不信任廉颇，廉颇在大梁待了很久，也没有被起用。后来，赵国又和秦国作战，赵国战况不利。赵王想把廉颇找回来，但又担心廉颇年龄太大了，于是，赵王派使者去看望廉颇，想看看他还能不能带兵打仗。廉颇也想回赵国，所以见到使者后，他当着使者的面吃了一斗米、十斤肉，穿上铠甲，骑上马，表示自己身体很好，还能打仗。但是，廉颇的仇人郭开贿赂使者，让使者说廉颇的坏话，于是，使者向赵王报告："廉将军虽然老了，但还是很能吃。不过，他跟我会面的时候，不一会儿就上了三次厕所。"赵王以为廉颇太老了，不能打仗了，就没有召他回国。

后来，楚国听说廉颇在魏国，暗中派人把廉颇接到楚国，在楚国做将领。但是，廉颇没有在楚国建立什么战功，因为他还想着报效赵国。最终，郁郁不得志的廉颇死在楚国的寿春。

都江堰

都江堰位于今天的四川省都江堰市，坐落在成都平原西部的岷江上，始建于秦昭襄王时期（约公元前256年），是蜀郡太守李冰父子在前人鳖灵开凿的基础上组织修建的大型水利工程。

危险！有一个人好像掉到水里去了，他正伸出手向外呼救。快找到他！

青铜戈

宝瓶口

大字堤

飞沙堰

制造竹筏

一只内向的大熊猫躲在一片树丛背后，默默地观察着人们的一举一动，它一定想不到自己已经被发现了！

岷江

外江

分水鱼嘴

金刚堤

内江

杩槎（mà chá）

李冰父子

石马

一只金丝猴差点儿掉进水里，正在努力往上爬呢，你能把它找出来吗？

画面中有两只蝴蝶，它们会出现在画面的哪个位置呢？

有一只小松鼠正在模仿它面前这个人的动作！睁大你的双眼，找到这个调皮的小家伙吧！

四川为什么被称为"巴蜀之地"？

巴和蜀是活跃在今四川、贵州、云南等地的古老氏族部落，因此我国的西南地区常被称为"巴蜀之地"。古蜀国地形相对封闭，生活在这里的古老氏族与外界的联系较少，因此创造出了独具特色的文化，比如辉煌灿烂的三星堆文化。

三星堆文化距今 5000 年到 3000 年，相当于夏商周三代时期，它的文明程度不亚于同时期的中原地区。三星堆遗址出土的青铜人面像以"千里眼"和"顺风耳"而闻名。

青铜人面像

最晚在商周之际，巴蜀与中原地区已经发生联系。根据《尚书·牧誓》的记载，周武王讨伐商纣王前，在孟津会师并且举行誓师大会。当时，西南地区的各个氏族部落多数拥护周，反对商。《牧誓》中提到了蜀和彭等氏族，历史学家认为，彭可能就是巴。

春秋战国时期，巴、蜀与华夏民族交往日益密切，楚、秦逐渐向西南地区扩张。商鞅变法后，秦国国力迅速增强，先后灭掉巴、蜀等国，把蜀地纳入自己的版图。

三星堆出土的玉戈

都江堰因何而得名？

"堰"的意思是修筑在河流上的水利工程，兼具蓄水和排水的功能。

在最初建造时，因岷江支流称"湔（jiān）水"，所以当时的都江堰称"湔堰"，又因为蜀地人民称堰为"堋（péng）"，所以又叫"湔堋"。

三国时期，蜀汉立国后，都江堰被划到都安县，故改名为"都安堰"。

唐朝时，都江堰被称为"楗尾堰"。

宋朝时，人们称岷江为"都江"，因而有了"都江堰"的称呼，并且沿用至今。

当时的秦国为什么要治水？

今天号称"天府之国"的成都平原，在古代是一个水旱灾害十分严重的地方。

每年雨季到来时，岷江和其他支流水势骤涨，往往造成水灾；雨水不足时，又会造成干旱。早在都江堰修成的几百年前，古蜀国杜宇王就曾以鳖灵为相，在岷江出山处开一条人工河流，分岷江水流入沱江，以除水害。

秦国收服蜀国之后，蜀地洪涝灾害频发，所以，秦昭王启用水利专家李冰，任命他为蜀郡太守。李冰在任期间，和自己的儿子带领当地人民修筑都江堰水利工程，历时 18 年建成。

据《史记·河渠书》和《华阳国志》记载，都江堰在干旱时能够引水灌溉，雨水季节不妨碍洪水的排泄，水的多少听从人类的调遣，让成都平原成为没有饥荒的"天府之国"。

都江堰举世闻名，历经 2000 余年一直沿用至今，堪称中华民族的伟大创造。后来，为了纪念李冰父子，人们为他们盖了一座庙，即著名的"二王庙"。

位于今都江堰西门外玉垒山麓的二王庙

今天的都江堰

都江堰由几部分组成？

都江堰的主要工程可分为鱼嘴、飞沙堰、宝瓶口三大工程。

鱼嘴的主要功能是分水导流，把岷江分为内江和外江两个部分，内江水流入成都平原。枯水期时内江水多，外江水少；丰水期时外江水多，内江水少。

飞沙堰的主要功能是排沙，当水面高于飞沙堰时，水流冲击周围的岩壁，形成漩涡，从而把泥沙甩出。

宝瓶口的主要功能是控制进入成都平原的水量，它是人工开凿的入水口。洪水季水量过大时，大量的水被宝瓶口阻拦，水面不断上升，最终经飞沙堰排到外江。

修建都江堰时，用到了哪些特别的治水工具？

四川的竹子较多，人们就地取材，用竹子编成竹笼，在里面填入卵石，用来建造鱼嘴等工程。人们用杩槎进行截流，杩槎由木头制成，可重复使用，造价低廉而且有利于保护环境。

人们还在内江河床中埋下一座石马，用来确定淘滩深度。相传，李冰还制定了"深淘滩，低作堰"的治水原则，千百年来始终为人们所遵循。

后人是如何维护都江堰的？

我们今天看到的都江堰和历史上的都江堰有所不同，比如鱼嘴的位置就曾发生过改变，但是都江堰的基本结构始终未变。

历朝历代都非常重视对都江堰的维护和管理，都会设置专门的管理机构和管理人员（即"堰官"）。都江堰有严格的岁修制度，每年冬季的枯水期，人们都会定期整修都江堰。这个制度一直延续到了今天。

秦国还修建了什么著名的水利工程？

除了都江堰以外，秦国还修筑了郑国渠。郑国渠是一个名字叫作"郑国"的韩国人在秦国修建的。郑国渠的修建，颇费了一番波折。

秦王政（即后来的秦始皇）即位后不久，六国中实力最弱的韩国担心秦国的进攻，打算用计策消耗秦国的国力，于是派管理水利事务的水工郑国到秦国，游说秦王在泾水流域修建水渠，以此来拖累秦国的经济。后来，韩国的阴谋败露，秦王大怒，想要杀了郑国。郑国辩解说，自己虽然确实是带着韩国安排的任务而来，但是水渠一旦建成，的确可以帮助秦国建立千秋万世的功业。于是，被说服的秦王同意继续施工。几年后，郑国渠建成，两岸4万多顷的盐碱地变成肥沃的土地，极大地推动了秦国农业的发展，使秦国实力大增。

郑国像

始皇登基

公元前 230 年至公元前 221 年，秦王嬴政先后灭韩、赵、魏、楚、燕、齐六国，结束长达 549 年的诸侯割据局面。嬴政自称"始皇帝"，史称"秦始皇"。

曾经的六国贵族有的被迫迁徙到咸阳看守皇陵，有的则被流放到了偏远的西南地区。有一个人孤独地站在山上，目送着被流放的贵族们，你能找到他吗？

铜钱是当时的主要流通货币，形状是圆形方孔，名为『秦半两』。画面中隐藏着一枚秦半两，找一找它在哪里？

长城

被流放的六国贵族

车同轨

丈量土地

焚书

秦始皇让农民自己申报土地，与人口数量一起登记入册，以国家法令的形式确认了土地的私有权。有一个人正在一边偷看测量土地的过程，快把这个鬼鬼祟祟的人找出来！

秦始皇

兴建中的阿房宫

市井习武
卖艺的平民

秦半两

三公九卿

秦朝按军功提拔士卒，并授予土地和爵位，平民也有机会晋升成为贵族，这让当时的秦朝充满了尚武的氛围。画面中藏着一个舞剑的人，你能找到他吗？

快找到这辆插着黄色旗子的马车，据说里面躲着逃脱的六国贵族！

为什么叫"秦始皇"？

统一六国之后，秦王嬴政认为继续沿用"王"的称号无法彰显自己的丰功伟绩。他认为自己的功业超过三皇和五帝，于是从中各取一个字，创造了"皇帝"的尊号。从此，皇帝成为君王的专属称号，沿用了2000多年，直到清帝退位。

嬴政还做了一个决定，那就是废除君王的"谥号"（君王死后，臣子根据君王的品行讨论的称号），改以数字为序，自己为"始皇帝"，后世子孙沿用为二世、三世，直至"万世"。

这就是"秦始皇"的由来。没想到的是，秦始皇去世之后，秦朝很快就被推翻，只传到了"二世"。之后的汉朝又恢复了"谥号"制度。

秦始皇是如何统一六国的？

长平之战后，秦国统一六国的趋势越来越明显，但秦昭王之后的两位君王在位时间都比较短，政局不稳，所以统一大任就落在了秦王嬴政身上。

从公元前230年到公元前221年，秦王嬴政用了不到10年的时间先后消灭韩、赵、魏、楚、燕、齐六国，结束了中国自春秋以来长达500多年诸侯割据纷争的局面。

秦朝的疆域有多大？

统一六国之后，秦始皇又派兵北击匈奴，收复了河套地区（今内蒙古鄂尔多斯附近），南进百越（秦时长江中下游以南的广大地区，居住着族群众多的越人，统称"百越"），占领了包括今越南北部在内的广大地区。

所以，秦朝的疆域要远远大于战国时期七国之和。根据《史记·秦始皇本纪》记载："地东至海暨朝鲜，西至临洮、羌中，南至北向户，北据河为塞，并阴山至辽东。"

可以看出，秦朝的疆域东到朝鲜半岛和东海，西到今甘肃临洮，南到今越南北部，北方边境为长城，据守黄河为要塞，沿阴山向东直到辽东半岛。

什么是驰道？为什么说"条条大路通咸阳"？

统一六国的第二年（前220年），秦始皇又下令修筑以咸阳为中心的、通往全国各地的驰道。著名的驰道有从高陵通上郡（今陕北）的上郡道，过黄河通山西的临晋道，出函谷关通河南、河北、山东的东方道。

驰道类似于我们今天的国家公路，修筑驰道使得"条条大路通咸阳"，能够保证政令、物资传递通畅。

秦始皇以咸阳为中心，建立起了当时世界上最发达的交通网络。据统计，秦修建的道路长度约6800千米。大约四个世纪后，驰名中外、号称"条条大路通罗马"的罗马道路长度才达到近6000千米。

除了修建驰道外，秦始皇还采取了哪些巩固统一的措施？

第一，"书同文字"，即统一文字，废除六国文字，使用简化的秦小篆；

第二，统一度量衡，即长度、容积和重量标准；

第三，统一货币，废除六国货币，使用秦半两钱。

秦的统一以及巩固统一的措施促进了各民族之间的交往、交流、交融，推动了统一的多民族国家政治、经济、社会的发展。

什么是焚书坑儒？

秦统一天下后，采用郡县制进行地方行政管理，但有一些人对此持反对意见。公元前213年，在一次宫廷宴会上，博士（博士是官名）淳于越反对秦始皇实行郡县制，主张恢复分封制。丞相李斯驳斥淳于越的观点，认为儒生诽谤朝政，建议秦始皇焚书。秦始皇采纳了李斯的建议，下令焚毁非秦国历史的史书和非博士官掌管的《诗》《书》以及诸子百家著作等书，只允许保留关于医药、占卜、农业生产的书。这就是"焚书"。

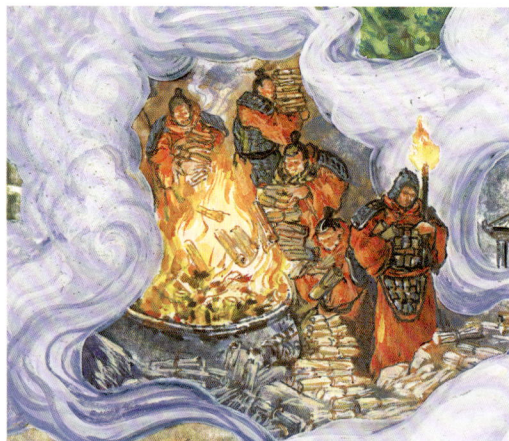

焚书次年（前212年），方士卢生、侯生等人因求不得秦始皇梦寐以求的长生药，害怕被加害，于是背地里商量逃跑，还散布谣言指责秦始皇统治残暴。秦始皇得知后大怒，以妖言惑众的罪名，坑杀了460余名儒生方士（其中大部分是方士）。

这两件事在历史上被合称为"焚书坑儒"。

安 马 燕 齐 赵 魏 楚 秦

七国文字字形对比

什么是"郡县制"?

这要从商鞅变法开始说起。商鞅主政时期，将原本分散的乡、邑、聚等自然聚落，按照大致相当的规模编制在一起，设立了地方行政组织——县。全国共设置了 41 个县，县设县令，直接向中央（秦王）负责。这标志着秦国从宗法分封制国家向中央集权制的官僚国家过渡。

统一六国之后，如何治理庞大的国家，大臣之间争论激烈。大多数人主张采用分封制，将原属燕、齐、楚地边缘地区分封给秦国王室。而廷尉李斯极力反对，主张彻底废除分封制，全面推行郡县制，这个建议得到了秦始皇的采纳。

《史记·秦始皇本纪》记载，秦统一之初，秦始皇把天下分为 36 个郡。当然，秦朝的郡数并不是一成不变的，随着秦朝领土的扩张，郡的数目也在发生变化。

阿房宫真的存在吗?

阿房宫是秦始皇计划修筑的宫殿。秦统一后，秦始皇觉得都城咸阳宫殿狭小，于是计划修筑一个更大的宫殿。因为宫殿的前殿建在阿房，于是人们把它称为"阿房宫"。

《史记·秦始皇本纪》中说，阿房宫"东西五百步，南北五十丈，上可以坐万人，下可以建五丈旗"。目前考古探明，阿房宫前殿遗址东西长1270 米，南北宽 426 米，高 7 到 9 米，面积约 54.4 万平方米。秦始皇死后，秦二世继续修筑，但是由于工程浩大，直到秦朝灭亡，阿房宫也没有完工。

《史记》记载，项羽攻入咸阳之后，放火烧毁秦的宫殿，大火连续 3 个月不灭。古人以为，项羽烧的宫殿就是阿房宫，其实这是古人的误解，《史记》并没有明确记载项羽所烧宫殿是阿房宫。这个误解被唐代诗人杜牧的名篇《阿房宫赋》"发扬光大"。根据《阿房宫赋》的描绘，阿房宫"覆压三百余里，隔离天日"，可谓气势恢宏，富丽堂皇，极尽奢华，但是最终没能逃过"楚人一炬，可怜焦土"的下场。今天，根据考古发现，阿房宫并没有建成，项羽怎么能烧毁一个不存在的宫殿呢？文章中关于阿房宫的描写，其实都是诗人华丽的想象。

兵马俑是纯色的还是彩色的?

根据考古发掘，秦兵马俑上有彩绘，而且色彩非常鲜艳。然而，经过 2000 多年的岁月洗礼，秦俑坑曾遭受火烧、洪灾和自然侵蚀，所以，出土时，陶俑表面的彩绘就已经损毁了大部分，只有极少数陶俑的局部保存少量色彩。

文物保护部门一直在寻找保护兵马俑彩绘的方法。经过长时期的研究，目前文物保护部门已经发明了能够较好保存、修复兵马俑彩绘的技术。

秦兵马俑

秦朝之后还有兵马俑吗?

有。秦朝之后的汉代王室也承袭了用兵马俑陪葬的习俗。比较著名的是徐州市东郊狮子山发现的汉兵马俑。

狮子山是西汉早期分封在徐州的第三代楚王——刘戊的陵墓。狮子山兵马俑，不仅数量众多，而且种类繁多：有博袖长袍的官员俑、冠帻（zé）握兵器的卫士俑、执长器械的发辫俑、足蹬战靴和抱弩负弓的甲士俑等十余种。

汉代兵马俑与秦兵马俑的区别在于尺寸，秦兵马俑都与人体同大，而汉代兵马俑做了一定比例的缩小。

秦统一后，曾经的六国贵族都去了哪里?

由于战乱，六国贵族很多都死去了。在活下来的贵族中，一些贵族作为豪富被秦始皇强制迁到都城咸阳，其他的贵族则散落到民间。

汉初名臣张良是原韩国贵族，他的父亲是韩国国相。秦灭韩后，张良失去了贵族地位，心中充满对秦的国仇家恨。他耗尽家财，聘请大力士，打制了一根大铁椎，与大力士一起去刺杀秦始皇。他们埋伏在秦始皇巡游的路上，投掷铁椎袭击秦始皇的车队，但是没有击中。秦始皇大怒，派人追捕刺客，张良只好隐姓埋名，四处逃亡藏匿。

这些潜伏在民间的六国贵族一直等待着推翻秦朝的时机，秦末农民起义爆发之后，他们打着六国的旗号重出江湖，其中比较著名的人物有原楚国贵族项羽、原齐国贵族田横等。